Cómo Desarrollar una Vida de Oración Poderosa

El Camino Bíblico a la Santidad y la Relación con Dios

¡Cómo dejar que Cristo ore por medio suyo (de usted) para cambiar el mundo!

Dr. Gregory R. Frizzell

Traducidon por Daniel Caceres

Cómo Desarrollar una Vida de Oración Poderosa: El Camino Bíblico a la Santidad y la Relación con Dios

ISBN 978-1-941512-08-1(libro de bolsillo)

ISBN 978-1-941512-49-4 (libro electronico)

Derechos de Autor 1999 Por Gregory R. Frizzell

Publicado por Master Design Publishing

789 State Route 94 E., Fulton, KY 42041

www.masterdesign.org

Ordenar desde Greg Frizzell Ministries: frizzellministries.org

Todos derechos reservados. Ninguna parte de esta publicación puede ser reproducida, almacenada en sistema de recuperación o transmitida en alguna manera, electrónica, mecánica, fotocopiada, grabada, o de otra forma, sin el permiso del autor, excepto como provisto por ley de derechos de autor de EUA.

A menos que sea indicado en forma diferente, citas de la Escritura son de la Biblia Reina Valera 1960.

Otros Libros por Gregory R. Frizzell

- Returning to Holiness: *A Personal and Church-wide Journey to Revival*
- Local Associations and United Prayer: *"Keys to the Coming Revival"*
- Biblical Patterns for Powerful Church Prayer Meetings: *"God's Changeless Path to Sweeping Revival and Evangelism"*
- Seeking God to Seek a Pastor: *"Vital Steps for Search Committees and Their Congregations"*
- Releasing the Revival Flood: *"A Church-wide Journey to Miraculous Unity and God-Glorifying Fellowship"* Powerful Prayer for Every Family: *"Praying a Hedge of Protection"*
- Iceberg Dead Ahead: *"The Urgency of God-Seeking Repentance"*
- Praying God's Heart in Times Like These
- Saved, Certain and Transformed
- How to Develop an Evangelistic Church Prayer Ministry

Conferencias de Iglesia y de Toda la Zona por Gregory R. Frizzell

- Desarrollando una Vida Personal de Oración Poderosa
- Estrategias Exhaustivas para Oración de Evangelismo
- Desarrollando Reuniones de Oración Corporativas Poderosas

- Hacia un Avivamiento y Despertar Espiritual en Nuestro Día
- Asambleas Solemnes para Iglesias y Asociaciones
- Conciertos de Oración y Adoración

Para programar una conferencia u ordenar libros contacte:

Dr. Gregory R. Frizzell
Correo electrónico:
info@frizzellministries.org

Table of Contents

Introducción --- 1
   La Oración Poderosa es Para Todo Creyente ----------------------- 1
   Aprender a Ver la Oración Desde la Perspectiva de Dios -------- 3
   Lo Que Dios Quiere Que Usted Adquiera por Medio de la
   Oración Efectiva --- 4
   Un Testimonio de la Gracia de Dios Por Medio de la Oración - 7
   Por Favor no se Subestime --- 9
   Una Palabra Especial Para Pastores y Trabajadores Cristianos -- 9
   Cómo Encontrar a Dios Por Medio de Este Libro -------------- 10
   Preguntas Para Discusión y Reflexión ---------------------------- 12

Capítulo Uno --- 15
   Entendiendo los Tres fundamentosde una Vida de
   Oración Poderosa -- 15
   Primer Fundamento de Una Vida de Oracion Poderosa ------- 15
   Segundo Fundamento de Una Vida de Oracion Poderosa ---- 18
   Una Ilustración Personal --- 21
   Tercer Fundamento de Una Vida de Oracion Poderosa ------- 28
   Preguntas para Discusión y Reflexión -------------------------------- 30

Capítulo Dos --- 33
   Entendiendo los Cinco Tipos Básicos de Oración -------------- 33
   Porque Todos los Tipos de Oración son Esenciales ------------ 38
   Conclusión y Resumen -- 41
   Preguntas para Discusión y Reflexión -------------------------------- 44

Capitulo Tres -- 47
   Pautas de Inicio Para una Vida Poderosa de Oración --------- 47

Tres Pautas Prácticas Para la Oración Poderosa ---------------- 49
Familiarícese con los Ocho Principios de la Oración
Poderosa-- 50
Preguntas Para Discusión y Reflexión ---------------------------- 54

Capítulo Cuatro --- 57
Fase Uno: Acérquese a Dios a través de la Alabanza y
Adoración Diaria --- 57
Pasos para un Tiempo Significativo de Alabanza ---------------- 57
Preguntas para Discusión y Reflexión ---------------------------- 61

Capítulo Cinco --- 63
Etapa Dos: Limpiándose Ante Dios "El Camino a la Santidad"
-- 63
Confesión y el Gran Avivamiento de Shantung ----------------- 64
Cinco Categorías de Pecado Potencial --------------------------- 67
Cuarta Categoría: Pecados de Comisión y Transgresión ------- 79
Una Palabra Final Sobre la Confesión ---------------------------- 80
Preguntas para Discusión y Reflexión ---------------------------- 82

Capítulo Seis --- 85
Fase Tres: Cómo Hacer Oraciones Dinámicas de Petición. --- 85
Tres Pasos a una Petición de Oración Poderosa ---------------- 86
Ejemplos de cómo Orará Diariamente el Fruto del Espíritu-- 88
Muestras de Oraciones por Cada Fruto -------------------------- 90
Una Palabra Final Sobre la Petición ------------------------------ 92
Preguntas para Discusión y Reflexión ---------------------------- 94

Capítulo Siete --- 97
Etapa Cuatro: Intercesión Poderosa ------------------------------ 97
¿Dónde Enfoco mi Intercesión? ---------------------------------- 98

Temas Claves Para Intercesión Consistente: --------------------- 98
¿Cómo Hago Oraciones de Intercesión "Especificas"?-------- 99
Ejemplos de Oraciones Intercesoras Específicas --------------100
Una Palabra Final Sobre la Intercesión--------------------------105
Preguntas para Discusión y Reflexión----------------------------106

Capítulo Ocho---109
Etapa Cinco: Escuchando la voz de Dios por
Medio de la Meditación--109
Pautas Prácticas para la Meditación Diaria ----------------------109
Una Palabra Final Sobre la Meditación --------------------------112
Preguntas Para Discusión y Reflexión----------------------------113
Una Breve Palabra Sobre el Ayuno --------------------------------115

Capítulo Nueve---119
Una Guía Práctica Para la Oración Diaria ----------------------119
Un Patrón Simple Para la Oración Diaria--------------------------119
Puntos Para Recordar --122

Conclusión ---122
Una Oración de Compromiso--124

Introducción

La Oración Poderosa es Para Todo Creyente

La oración es el corazón y el alma de cada relación exitosa con Dios. De hecho, la oración es absolutamente crucial a cada área de la vida de un creyente. Para ilustrar este punto, considere las siguientes preguntas. ¿Cómo recibió a Jesús como Señor y Salvador? ¿Cómo habita Cristo y Le permite vivir su vida por medio de usted? ¿Cómo crece como cristiano? ¿Cómo vence la tentación y la debilidad? ¿Cómo resiste a Satanás y pelea la guerra espiritual efectivamente? ¿Cómo confiesa sus pecados? ¿Cómo es lleno del Espíritu Santo? ¿Cómo obtiene orientación y sabiduría de Dios? ¿Cómo experimenta el poder para servir a Dios efectivamente? ¡La respuesta a cada pregunta es la oración! En efecto, la oración es esencial en cada área de nuestra relación con Dios. (Juan 15:7)

En vista de la gran importancia de la oración, yo con confianza hago la siguiente declaración. "La relación de alguien con Cristo, nunca se elevará más allá del nivel de su oración." Puesto que simplemente, si su oración es inconsistente y débil, ¡también lo será su relación con Dios! Pero siéntase animado, estimado amigo, ¡usted puede desarrollar una vida de oración dinámica! Y cuando aprenda a caminar en una oración diaria poderosa, Dios trasformará su vida entera.

Aunque la oración poderosa es ciertamente la voluntad de Dios para cada creyente, estudios muestran que la mayoría de los creyentes no se sienten satisfechos con su vida de oración. O peor aún, un creyente puede creer que tiene una buena vida de oración, cuando esté de acuerdo a la definición Bíblica; este simplemente no es el caso. Trágicamente, muchos creyentes modernos tienen poca idea de lo que constituye una vida de oración verdaderamente efectiva. En este libro, nuestro propósito es ayudar a cada cristiano a entender plenamente y a experimentar una vida de oración dinámica. Hacia esa meta, experimentará cinco resultados mientras busca a Dios en estas páginas.

- Ganará un claro entendimiento de la oración desde la perspectiva de Dios y su propósito.
- Descubrirá un pleno entendimiento bíblico de lo que constituye una vida poderosa de oración.
- Aprenderá a como dejar que Cristo sea el recurso y poder de su vida de oración.
- Experimentará nueva motivación y confianza para desarrollar una vida dinámica de oración.
- Adoptará un patrón bíblico práctico para desarrollar una vida poderosa de oración, y una relación dinámica personal con Cristo.

Porque vivimos en una época ocupada de frases cortas y tiempos controlados al milímetro, muchos creyentes han comenzado a enfocarse en la oración de manera apurada, y altamente programada. Aun Dios ciertamente está llamando a su gente a regresar al patrón bíblico de oración de tiempo significativo con Él, por medio de la oración diaria. Él nos llama a regresar a limpieza espiritual dinámica y a un íntimo caminar con Él mismo. *Este libro está diseñado para mostrarle como experimentar la poderosa llenura de Dios por medio de la oración diaria.* Es mi más ferviente oración que Dios le dé ambos, el querer como la habilidad de salir de lo superficial, a la gloriosa profundidad de una relación con Cristo.

Aprender a Ver la Oración Desde la Perspectiva de Dios

Mi oración más profunda es para que los creyentes aprendan a ver la oración desde la perspectiva de Dios. De hecho, nunca entenderemos la oración plenamente hasta que entendamos el propósito primario de Dios para la oración. Debemos dejar de mirar la oración sólo como una manera de llenar nuestras necesidades. Mucho más allá que solo llenar necesidades, la oración es el medio primordial de Dios en que llegamos a conocerle, adorarle, y a experimentar transformación, a través de Cristo en nosotros. Como cristianos, somos llamados la Novia de Cristo. (Apocalipsis 21:9) Por medio de la Oración y las Escrituras, Dios está preparando para nosotros una gran boda que vendrá pronto. Nos está preparando para reinar y gobernar con Él por siempre. (Apocalipsis 22:5)

Amigo, la oración no es en primer lugar lo que podamos sacarle a Dios, sino de lo que Él intenta hacer en y por medio de nosotros para su propio placer. La oración es una gran manera en la que llegamos a conocerle y escuchar Su voz. Por medio de la oración, habitamos en Él y le dejamos vivir por medio de nosotros. Es a través de la oración como Cristo purifica a Su Novia y construye Su Reino. El gran secreto de la oración es alinearnos a los propósitos de Dios en vez de buscar que Él se adapte a los nuestros. En las siguientes páginas, verá cómo esto puede ser hecho por medio de la gracia de Dios!

Antes de describir los pasos esenciales para una vida de oración enfocada en Dios, es importante entender toda la dimensión de lo que ganará por medio de una vida de oración dinámica. Hasta que esté totalmente convencido de la importancia de un estilo de vida de oración, usted probablemente no dará los pasos necesarios para alcanzarlo. Considere cuidadosamente ocho resultados ordenados por Dios de una vida de oración bíblica.

Lo Que Dios Quiere Que Usted Adquiera por Medio de la Oración Efectiva

1. Su relación con Él llegará a ser mucho más real y personal. Las escrituras declaran que la mayor prioridad del creyente es conocer y amar a Dios personalmente con todo el corazón (Mateo 22:37; Juan 17:3). Sobre todo, Dios desea una relación personal cercana con cada uno de sus hijos. Pero, es imposible desarrollar esta relación sin pasar tiempo significativo con Dios. La oración es la manera principal de pasar tiempo con el Salvador. Por medio de la oración, Dios intenta establecer y profundizar su relación personal con Él.

2. Usted experimentará una santidad profunda y un discipulado que transforma vidas. Hoy, escuchamos la frase "discipulado que transforma vidas." Pero, no existe algo como discipulado que transforma vidas que no esté centralizado en tiempo significativo en oración ferviente y lectura de las Escrituras. Amigo, ¡si aprende a pasar tiempo significativo en oración y en las Escrituras, usted experimentará el discipulado en una manera que es totalmente milagrosa! Por medio de esta clase de vida de oración, Dios radicalmente lo llenará con Su propia santidad, pureza, y carácter.

3. Su habilidad de escuchar claramente la voz de Dios aumentará drásticamente. (Santiago 1:5; Jeremías 29:13) Dios promete dirección clara y sabiduría a los que seriamente buscan su dirección. Jesús dijo que Sus ovejas escucharían y conocerían su voz. (Juan 10:27) Para ponerlo simple, si un creyente consistentemente busca el rostro de Dios, lo encuentra! A menos que usted pase tiempo significativo en oración regular, la voz de Dios será difícil de discernir. Sin mucho tiempo en oración regular, usted será espiritualmente "medio sordo" y a menudo Dios le parecerá distante.

4. El poder espiritual de su vida y ministerio aumentará grandemente. (Juan 14:12-14; Hechos 1:8) Donde hay poca oración, hay poco poder. En cambio, donde hay mucha oración, hay mucho poder. Desafortunadamente, muchas personas son excelentes organizadores, buenos promotores, y estrategas brillantes, pero pocos son poderosos guerreros de oración. Así que, en efecto, hemos invertido totalmente la práctica y prioridad de la iglesia primitiva. Hacemos todo lo demás mucho más que lo que oramos, mientras que la iglesia del Nuevo Testamento oraba mucho más que cualquier otra cosa! Consecuentemente, la iglesia primitiva rápidamente evangelizó al mundo, mientras que nuestra proporción de bautismos ha estado en decadencia alarmante los últimos cincuenta años.

5. Usted experimentará un aumento dramático en oración contestada. (Juan 15:7) Cuando los creyentes verdaderamente permanecen en Cristo, sus oraciones toman mayor poder y efecto. Usted notará muchas más respuestas a sus oraciones. Es Sólo por medio de la limpieza constante y la llenura del Espíritu de Dios que nuestras oraciones tienen el poder de mover montañas. En cambio, es sólo por medio de mucho tiempo en oración que mantenemos la limpieza total y la llenura del Espíritu Santo. La falta de pasar tiempo adecuado en "confesión y limpieza" es la razón principal por la que muchos creyentes ven pocas respuestas a sus oraciones. (Salmos 66:18; Isaías 59:1-2)

6. Usted experimentará un poder mayor para resistir pruebas, tentaciones, y ataques espirituales. (2ª. Corintios 10:3-5) La oración es la principal manera en que nos ponemos toda la Armadura de Dios. Es la manera esencial para hacer la guerra espiritual. Cuando nuestra vida de oración está débil o inconsistente, nuestras defensas espirituales están bajas. Lo más consistentemente que uno ora, más grande será su

habilidad de vencer al mundo, la carne, y al diablo. Lo menos que uno ora, más es su vulnerabilidad al pecado, a Satanás y al mundo.

7. Mientras Usted aprende a Orar efectivamente por los perdidos, verá muchas personas llegar a ser salvas. Cada creyente puede aprender a orar efectivamente por los perdidos y apartados. Mientras haga tiempo para orar, Dios le guiará a cómo desarrollar una lista de perdidos y verá a docenas de su lista llegar a ser salvos. Cuando aprenda a orar de esta manera, también verá un poderoso aumento en los números de salvados en su iglesia. ¡De esta manera, sus oraciones tendrán un impacto poderoso en su iglesia y su ciudad entera! Verá a muchos estimados amigos y seres queridos llegar a Cristo. Por medio de la oración, Dios le usará poderosamente en evangelismo y misiones.

8. Descubrirá cómo orar efectivamente por un avivamiento y un despertar espiritual en su iglesia, ciudad, y nación. (Ezequiel 22:30) Aunque la mayoría de los creyentes están preocupados por América, pocos saben interceder efectivamente por nuestra tierra. Mientras desarrolla una vida de oración bíblica, usted descubrirá cómo Interceder con oraciones específicas por su iglesia y nación. Cuando sus oraciones llegan a ser bíblicas y específicas, toman aún mucho más poder. Descubrirá como sus oraciones personales pueden hacer una increíble diferencia en la condición espiritual de su iglesia, ciudad, y nación. En vez de sentirse indefenso, verá sus oraciones tomar una nueva autoridad poderosa. Verdaderamente, el mundo es impactado cuando creyentes ordinarios llegan a ser intercesores poderosos. Espiritualmente, ninguna nación está por encima de la práctica de oración colectiva del pueblo de Dios.

Aunque fácilmente pudiera alistar muchos más beneficios de la oración, estos ochos son los más importantes. Sin duda, ¡una vida de oración poderosa revolucionará su relación con Dios! A un grado mayor, su vida de oración es su relación con Dios.

Así que amigo, ahora llegamos a dos preguntas cruciales: ¿Está listo para comenzar una nueva relación poderosa con Dios? ¿Tiene verdaderamente hambre de una profunda llenura espiritual, una vida nueva y un ministerio vibrante? Creyente, quiero asegurarle que Dios está listo para tocar su vida. ¡No importa cuánto haya luchado en el pasado, usted puede experimentar una vida poderosa de oración!

Un Testimonio de la Gracia de Dios Por Medio de la Oración

Después de mi salvación, mi más grande decisión espiritual fue cuando tenía 16 años de edad. Había sido llamado para predicar y me sentía bastante abrumado por este llamado. Por naturaleza yo era algo callado y pensé que Dios ciertamente había cometido un error en llamarme al ministerio. Para encontrar aliento, comencé un estudio sobre las vidas de pastores y misioneros poderosos. También hice una amplia investigación de los grandes avivamientos y despertares espirituales de la historia. Mientras estudiaba y oraba, noté un claro denominador común en las vidas de todos los grandes santos y en cada gran despertar. ¡Ese denominador común era la práctica de pasar **mucho** tiempo en oración y lectura bíblica diaria!

Comencé a darme cuenta que Dios usa poderosamente hasta al creyente más débil, quien seriamente pasa tiempo a diario en oración ferviente. (1ª. Corintios 1:26) En mi estudio, llegó a ser obvio, que Dios usa más frecuente a gente ordinaria que aprende a habitar en Cristo por medio de la oración seria diaria. (Juan 15:4) ¡Vi que todo gira alrededor de una relación de oración cercana con Cristo Jesús!

Nunca olvidaré la noche en el patio en casa de mis padres, cuando en desesperación, le pregunté a Dios cómo alguna vez podría llegar a ser un ministro efectivo. Esa noche Dios me habló tan claramente que nunca he sido el mismo. Su mensaje fue simple: "Si pasas tiempo conmigo en relación cercana y oración, nunca te faltará mi poderosa presencia efectiva y poder milagroso" Dios usó Juan 15:5 y 2ª Corintios 3:4-6 para clavar esta verdad profundamente en mi corazón.

Por la gracia de Dios, me comprometí a hacer de la oración diaria una prioridad. Aunque ciertamente nunca pudiera reclamar perfección en mi vida de oración, como una persona de 16 años, el hábito de oración diaria significativa, llegó a ser el mayor modelo de mi vida. ¡Durante los años, esta práctica ha significado infinitamente más que cualquier otro factor de mi vida! Aún si pudiese conseguir mil títulos de doctorado, nunca me impactarían como mi tiempo significativo diario con Jesús.

Podría escribir un gran libro solo describiendo los milagros que han salido directamente de mi simple tiempo diario de oración. Mi corazón se inunda de gozo mientras pienso sobre el ministerio a escala nacional que Dios ha comenzado, sólo por medio de la oración. Quedo atónito a los obstáculos imposibles y pruebas que Dios ha vencido por medio de la oración Diaria.

Amigo lector, comparto este testimonio por una razón. Para demostrar la poderosa gracia de Dios por medio de simple oración relacional. ¡Créame, si yo puedo ver la gracia de Dios por medio de oración, usted también puede! ¡No importa cuán grande o pequeña sea su tarea, no importa cuán devastadores sean sus problemas, la oración diaria significativa es la clave absoluta para un nuevo caminar milagroso con Cristo!

Por Favor no se Subestime

¡Quiero gritar desde los techos de las casas, que la oración poderosa es la voluntad de Dios para cada creyente! ¡Estimado creyente, es esencial que entienda la visión de ir más allá de un devocional diario de tres o cuatro minutos! Por favor crea que no tiene que ser pastor, o pasar dos o tres horas al día para experimentar una vida de oración dinámica. Si sólo da 30 a 45 minutos por día, esto es ciertamente suficiente para experimentar nuevo crecimiento y un ministerio milagroso. Por medio de Cristo, usted verdaderamente puede lograr esto. (Filipenses 4:13)

Cristiano, es tiempo de que "crezcamos" como discípulos de Jesucristo. Nuestra nación está en necesidad desesperada de otro gran avivamiento, pero sólo vendrá si los creyentes normales se comprometen a tener un tiempo serio en oración. Usted nunca experimentará poder completo y crecimiento, hasta que tome tiempo significativo para la oración diaria. Por favor deje de conformarse con un caminar superficial con Cristo, cuando Dios lo salvó para experimentar toda la llenura de Su diaria presencia.

Una Palabra Especial Para Pastores y Trabajadores Cristianos

Hoy día es totalmente trágico, que muchos pastores y líderes pasan tan poco tiempo en la oración diaria, de hecho, encuestas modernas revelan una marcada diferencia entre la vida de oración de pastores de hoy día, y los pastores de grandes avivamientos del pasado. Parece ser que los líderes ocupados de hoy, se han dejado embaucar en la noción no bíblica que todo lo que se necesita es un "corto devocional diario." Aún, ¡bíblica e históricamente, nada puede estar más lejos de la verdad! Simplemente no hay atajo para un dinámico caminar con Cristo o para el poder del Espíritu Santo que mueve montañas.

Mientras que la mayoría de líderes Cristianos ponen gran énfasis en programas y promoción, encuestas muestran que pocos pasan gran tiempo en oración diaria y limpieza espiritual. Hoy es raro encontrar pastores o líderes cristianos quienes son verdaderos gigantes de oración personal. Eso es especialmente algo que da en qué pensar, ya que algunas iglesias rara vez llegan a ser electrizantes casas de oración, hasta que sus pastores sean hombres de oración. Si América ha de ver otro gran avivamiento, los pastores deben nuevamente llegar a ser hombres de la oración que mueve montañas. ¡Alabado sea Dios de señales grandes, que por fin están comenzando a suceder!

Después de pastorear por 16 años en un área llena de pandillas de alta transición, sé que Dios usa la oración diaria seria. Aunque he tenido muchas oportunidades de ir a iglesias más fáciles, Dios me ha instruido a quedarme para demostrar Su poder en un marco más imposible. Líder cristiano, no importa lo que está enfrentando, Dios traerá cambios revolucionarios si usted adopta la oración bíblica genuina. Marque esto bien — *Una vida nueva y un ministerio dinámico esperan que cada uno se acerque a Dios en poderosa oración diaria.* (Mateo 7:7)

Cómo Encontrar a Dios Por Medio de Este Libro

Este libro está diseñado, para ser utilizado por el creyente más joven o el santo más maduro. Mientras que sus principios bíblicos desafían e instruyen al guerrero de oración con más experiencia, está simplemente escrito para guiar al creyente más joven hacia la oración dinámica y crecimiento espiritual. No está escrito solo para expresar información, sino para guiarle a caminar en una relación de oración con Dios. Por medio de estas páginas, Dios va a desafiarle y a llamarle a una relación más profunda con Él.

Mientras lee este libro, preste atención especial a las preguntas de estudio y oraciones de ejemplo al final de cada sección. Sobre todo, pase tiempo hablando con Dios sobre las cosas que Él revela en cada capítulo. Recuerde amigo, no aprenderá a orar solo "leyendo" sobre temas de oración. Aprenderá a orar "orando" sobre las cosas que lee. Asegúrese en tomar tiempo para encontrarse con Dios al final de cada capítulo. Aún más, le animo a escribir respuestas a las preguntas de estudio en un diario de oración en vez de este libro para que no esté limitado por espacio.

En el capítulo uno, exploraremos los tres fundamentos esenciales, sobre los cuales construir su relación con Dios. En el capítulo 2, explicaré los cinco tipos básicos de oración. En los capítulos tres al ocho, le enseñaré a experimentar todos los cinco elementos esenciales para una oración poderosa diaria. La mayoría del libro está dedicado a una clara explicación de cada elemento. Este libro está diseñado para darle un toque práctico, para experimentar todos los cinco tipos de oración en su diaria relación con Dios. El capítulo final es una guía práctica y modelo para usar en su vida de oración diaria.

¡Sobre todo, acuérdese que la oración es una relación con Jesucristo! Antes de que lea más allá, por favor haga una pausa y pídale a Dios que revolucione su caminar con Él. ¡Esa es una oración que Dios responderá cada vez!

Hacia el próximo Gran Avivamiento,

Preguntas Para Discusión y Reflexión

1. Nombre varias bendiciones claves que recibimos de Dios, por medio de la oración.

2. En sus propias palabras, describa por qué la oración es tan vital a cada área de su vida y relación con Dios.

3. ¿Qué cree que significa orar desde la perspectiva de Dios, en vez de nuestra perspectiva egoísta?

4. En sus propias palabras, brevemente describa los ochos propósitos de Dios para su vida de oración.

5. ¿Cree que Dios le ha llamado a experimentar una vida de oración poderosa? ¿Por qué sí, o por qué no?

Oraciones Para Crecimiento Diario

❖ Padre, te pido que me llenes con una pasión para conocerte y amarte con todo mi corazón (Mateo 22:37). Señor, enséñame a ver la oración como el corazón de nuestra relación. (Lucas 11:1) Por favor permíteme escuchar Tu voz y orar en el centro de Tu voluntad. (Juan 5:14-15)

❖ Estimado Señor, enséñame a orar desde Tu perspectiva y voluntad, no de la mía. (Marcos 14:36) Abre mis ojos a la revelación de Tus grandes propósitos para mi vida.

❖ Dios, por favor háblame y concédeme oídos para escuchar Tu voz claramente. (Isaías 30:21) Concédeme el deseo de ser santo porque Tú eres santo. Lléname con adoración genuina, y ayúdame a adorarte en maneras que verdaderamente te agradan. (Juan 4:23) Dios, ayúdame a no solo orar para "ser bendecido", sino porque verdaderamente te amo. (Santiago 4:2)

❖ Señor, enséñame a morir a mí mismo y confiar que Cristo viva por medio de mí. (Gálatas 2:20) Bautízame en tu inmenso poder y unge mis dones espirituales para tu servicio. (Hechos 1:8) Lléname con tu pasión por las almas y ayúdame a testificar a todos los que se cruzan en mi camino.

Capítulo Uno

Entendiendo los Tres fundamentos de una Vida de Oración Poderosa

Si ha de experimentar una vida de oración poderosa, primero debe establecer una fundación sólida de oración. Cualquier constructor sabe que la estructura nunca es más fuerte que su cimiento. Ningún edificio puede mantenerse por mucho tiempo sin un cimiento fuerte y la misma verdad se aplica a desarrollar una vida de oración. Para edificar una vida de oración bíblica consistente, debe enfocarse desde el fundamento correcto. Sin un fundamento fuerte, su relación con Cristo será débil e inconsistente.

En éste capítulo, examinamos tres fundamentos absolutamente esenciales a la oración poderosa, y el discipulado que cambia vidas. Estos fundamentos no son solo vitales para la oración, sino que son cruciales en su caminar diario con Cristo. Recuerde, cuando hablamos de su vida de oración, no estamos hablando de una actividad o disciplina, ¡estamos hablando sobre *el corazón de su relación con Cristo!* Antes de estudiar los tres fundamentos, haga una pausa y pídale a Dios que honestamente le ayude a evaluar su nivel diario de oración.

Primer Fundamento de una Vida de Oración Poderosa:

Debe considerar su tiempo diario de oración, como una relación con Dios, y no sólo como una disciplina u obligación legalista.

Es importante notar que los Fariseos pasaban mucho tiempo en oración y ayuno regularmente, y aun así, no tenían ninguna relación personal con Dios. Una vida de oración poderosa, no es sólo una disciplina o ritual, es su compromiso a una relación personal con Dios. Desde la perspectiva de Dios, la oración es la expresión de lo que Él más desea — su relación personal de amor, rendición y confianza. La oración debe ser vista como su compromiso a pasar tiempo significante, en una relación personal con el Dios viviente. Juan 17:3 — "Y ésta es la vida eterna: que te conozcan a ti, el único Dios verdadero, y a Jesucristo, a quien has enviado."

Es maravilloso que pongamos tanto énfasis en servir y trabajar para Dios, cuando sobre todo, él quiere nuestro amor de corazón. Mateo 22:37 — "Amarás al Señor tu Dios con todo tu corazón, con toda tu alma y con toda tu mente." Aún más, Pablo dijo, en 1ª. Corintios 13:1-3 que el sacrificio y servicio no tienen sentido, si no proceden de una relación de amor genuino.

Permítame ilustrar este punto importante: Cuando estaba saliendo con su cónyuge, alguna vez dijo, "Mi vida, tú eres importante para mí, y porque lo eres, voy a tratar de darte cinco minutos enteros cada día!" O, alguna vez dijo: "Mi vida, para mí simplemente es tan difícil pasar tiempo contigo, pero me voy a esforzar a hacerlo un par de minutos cada semana!" Amigo, si alguna vez dijo estas cosas, de cierto sé una cosa: ¡Esa persona nunca se hubiese casado con usted! ¿Pero, por qué esas afirmaciones suenan tan absurdas? Es muy simple. ¡Cuando verdaderamente se ama a alguien, la relación cercana es un gozo, no un deber! En algunas maneras, el amor por Dios se deletrea como T-I-E-M-P-O. Si verdaderamente ama a Dios, pasar tiempo con Él es su mayor gozo.

¿Cómo cree que se siente Dios, cuando usted toma poco o nada de tiempo para estar a solas con Él? ¿Qué le dice a Dios, cuando usted dice, ¿"Es tan difícil para mí tomar tiempo serio para orar y leer la Biblia?" Cuando hace estas declaraciones, está diciendo fuerte y claramente, "Dios, no te amo, y no quiero pasar tiempo contigo." Le dice a Dios que no está comprometido a desarrollar su relación personal con Él. (Recuerde, las acciones hablan más fuerte que las palabras.)

Especialmente en la sociedad ocupada de hoy día. Debemos aprender nuevamente la crucial lección de Lucas 10:38-43. En esta historia, Marta y María eran dos hermanas con puntos de vista muy diferentes de lo que más le importaba a Dios. Marta estaba ocupada haciendo todo tipo de tareas para Jesús, pero no tenía tiempo para tener comunión con Él. Y aún, María puso su primera prioridad en tomar tiempo para sentarse calladamente en su presencia y escuchar. Después de un rato, Marta vino a Jesús y le pidió que reprendiera a María por ser perezosa. Para su sorpresa, Jesús reprendió a Marta y declaró que María había escogido la "mejor parte" la cual no le sería quitada. ¡Esta historia contiene una verdad de enorme importancia! Necesitamos mucho más tiempo con Dios antes que intentemos trabajar para él.

Trágicamente, la mayoría de creyentes son más como la Marta ocupada, que como la María de oración. Estamos tan ocupados para Dios que pasamos muy poco tiempo con Él. Jesús claramente dice que nuestra primera prioridad debería ser, pasar mucho tiempo más con Él. Sólo entonces le podremos amar como Él desea ser amado. En Juan 15:5, Jesús declara que no podemos hacer nada a menos que mantengamos una relación muy cercana con Él. ¡Sólo podemos mantener esta relación cercana pasando mucho tiempo en oración regular!

¡Amigo, si dice que está muy ocupado para pasar tiempo serio a diario en oración, ha fallado el punto entero de su relación y servicio a Dios! Dios primero lo quiere a usted, y solo después quiere su servicio. *Es la relación de amor lo que Él desea más que todo el servicio y diezmos en el mundo.*

Si ha de llegar a ser un cristiano intercesor poderoso, debe observar su tiempo de oración como una relación, y no como un deber religioso, o requerimiento legalista. ¡Observar la oración como una relación de amor diario, es el primer fundamento de una vida de oración poderosa!

Segundo Fundamento de Una Vida de Oración Poderosa:

Debe hacer un compromiso absoluto, a pasar consistentemente tiempo significativo a solas con Dios en oración ininterrumpida.

Quizá el mayor estorbo a la espiritualidad moderna, es el ritmo ocupado y ajetreado de nuestra sociedad. Los creyentes modernos han creído trágicamente, que un "tiempo devocional" de tres o cuatro minutos constituye una vida de oración poderosa. Aún, ¡bíblica e históricamente, nada puede estar más lejos de la verdad! Ciertamente hay lugares importantes para oraciones de devoción breves y momentáneos, pero nunca debemos pensar que estas pueden reemplazar la "recámara de oración", cuando entramos en la presencia de Dios y dejamos afuera todo lo demás. Mateo 6:6 — *"Mas tú, cuando ores, entra en tu aposento, y cerrada la puerta, ora a tu Padre que está en secreto; y tu Padre que ve en lo secreto te recompensará en público."*

Al observar las prácticas de oración de Jesús y los creyentes del Nuevo Testamento, es claro que ellos regularmente pasaban mucho tiempo a solas en oración ferviente. También es claro que los creyentes e iglesias de cada gran avivamiento tenían un promedio de mucho más tiempo de oración que nosotros. Cuando se estudia las vidas de personas usadas poderosamente por Dios, encontramos un gran denominador común. ¡Casi sin excepción, los más grandes servidores de Dios pasaban en público mucho tiempo en ferviente oración diaria!

Tiempos de oraciones breves e inconsistentes, nunca producen creyentes poderosos, llenos del Espíritu. Además, la oración breve e inconsistente nunca ha ni nunca traerá un gran avivamiento espiritual. En América, hemos hecho un "dios" de conveniencia y facilidad. Le queremos dar a Dios uno o dos minutos breves y tratamos de encajarlo en nuestros horarios ocupados, si fuese conveniente. El Dios del universo merece (y requiere) mucho más que esto, para dar a conocer su poder pleno en nuestras vidas.

Si Jesús y la iglesia primitiva pasaban mucho tiempo en oración, ¿Qué nos hace pensar que podemos hacer menos? Si cada generación que vio un gran avivamiento, pasó mucho tiempo en oración, ¿por qué pensaríamos que Dios ha cambiado su requerimiento hoy día? ¡Los requerimientos de Dios no han cambiado y nunca cambiarán! Desafortunadamente, lo que sí ha cambiado, es nuestra definición de lo que constituye una vida de oración poderosa. Mi propósito en este libro es ayudar a los creyentes a regresar a las prácticas bíblicas esenciales de tiempo significativo en oración diaria.

Déjeme nuevamente repetir el segundo fundamento en términos simples. *Ningún creyente puede desarrollar una verdadera vida de oración poderosa* bíblica, *sin pasar regularmente mucho tiempo a solas con Dios.* Este es un requerimiento de fundamento y principio espiritual sin cambio. Amigo, hasta que resuelva este asunto personalmente y se comprometa a un tiempo consistente con Dios, nunca irá a las profundidades más llenas de oración o madurez espiritual. ¿Pero qué significa hacer un "compromiso absoluto" para pasar tiempo *significativo* a solas con Dios? En los próximos párrafos, analizaremos este segundo fundamento, frase por frase. Comenzamos con la primera frase de este fundamento de oración.

Debe tomar un Compromiso Absoluto para pasar tiempo consistentemente significativo a solas con Dios en oración ininterrumpida.

La primera frase menciona la necesidad de un *"compromiso absoluto."* Esto enfatiza que su tiempo de oración, es una prioridad mayor que usted programa y cuida. Usted lo planea y toma pasos para efectuarlo. ¿Pero por qué su compromiso de oración debe ser tan absoluto? Considere tres razones cruciales:

Primera Razón para un Compromiso Absoluto — Satanás teme a la intercesión, más que a cualquier otra cosa, y pelea la oración como ninguna otra parte de su vida. Lo hace por las siguientes razones:

- La oración es una pieza esencial de su arsenal de guerra espiritual. (2ª. Corintios 10:7) Es por medio de la oración que las otras armas son usadas.

- La oración es crucial para ponerse toda la armadura de Dios. (Efesios 6:10-17)

- La oración es la manera principal en que ejercemos autoridad espiritual, y hacemos guerra espiritual efectiva. (2ª. Corintios 10:3-5; Efesios 6:10-17)

- La oración es crucial para un verdadero evangelismo. (Hechos 2-4)

- La oración es el elemento central de todo gran avivamiento y despertar espiritual (junto con la Escritura.) (2ª. Crónicas 7:14)

Como la oración y la Escritura son sus armas principales, es de poco asombro que Satanás hará *cualquier cosa* para dejar que ore consistentemente. También peleará para dejar que *profundice* su poder de oración. Si él no puede parar que usted ore, peleará para no dejar que ore efectivamente. Si su compromiso a la oración no es absoluto, Satanás ciertamente le presionará para dejar esta práctica diaria. Él hará que se "conforme" con una vida de oración superficial y no efectiva. La maniobra de Satanás es que usted esté tan ocupado con cosas "buenas" que tome poco tiempo para lo "mejor." ¿Ha tenido Satanás éxito en su vida?

Segunda Razón para Compromiso Absoluto — Nuestra carne siempre resiste el desarrollo de una vida poderosa de oración.

Las siguientes Escrituras contienen ejemplos fuertes de la carne, dificultando la oración y crecimiento espiritual. (Mateo 26:40-41; Romanos 7:14-18) De estos textos vemos, que la oración seria, es a menudo más como una batalla espiritual, que un breve momento de dulce reflexión. La intercesión poderosa frecuentemente implica una labor espiritual intensa y de guerra. La atmósfera demoníaca de nuestro planeta, resiste al santo de oración. Nuestros cuerpos físicos y pasiones terrenales, resisten la práctica de oración ferviente.

Una Ilustración Personal

Al entrar al seminario, Estaba tomando mis clases y trabajando largas horas. A pesar de mi horario, sabía que Dios me había llamado a pasar mucho tiempo en oración diaria y estudio de la Escritura. Para hacer esto, tenía que levantarme extremadamente temprano. ¡Pronto hice el desafortunado descubrimiento, que podía dormir con la alarma puesta, y sin ni siquiera recordar apagarla! Mi carne definitivamente estaba peleando el tiempo de prioridad con Dios.

Después de orar por esto, Dios me dio una graciosa pero efectiva solución. Compré un radio alarma muy ruidoso y lo puse afuera de mi habitación y lejos en el pasillo. ¡Tendría que pararme rápidamente y caminar una distancia para apagarla antes de que perturbara a los otros en la casa! También puse una cafetera al lado de la alarma y programé el tiempo del café para cinco minutos, antes de que sonara la alarma, allí me esperaba el café fresco hecho junto con mi taza favorita. ¡Esas mañanas tempranas con Dios, pronto llegaron a ser las mejores de toda mi vida!

Ahora para algunos, puede sonar ridículo hacer lo posible, para asegurar que no me quedara dormido. ¡Pero amigo, ese justamente es el punto! **Lo que tome** *para asegurar y guardar su tiempo con Dios, lo debe hacer.* ¡De otra manera, su carne lo presionará para no hacerlo! Probablemente tendrá que descolgar el teléfono, y decirle a la gente que no ha de ser estorbado durante su tiempo prioritario de oración. Tanto como sea posible, debe encontrar un lugar y tiempo para estar a solas. (Aún si tiene que ir afuera y sentarse en el carro.) Su compromiso en la oración debe ser absoluto, o usted llegará a ser inconsistente.

Tercera Razón para Compromiso Absoluto — El sistema de fuerza y promoción humana del mundo, es lo opuesto a los caminos de Dios.

Las siguientes Escrituras contienen una verdad muy necesaria para el Cristianismo de hoy, orientado en programación. Jueces 7:2 — *Y Jehová dijo a Gedeón: El pueblo que está contigo es mucho para que yo entregue a los madianitas en su mano, no sea que se alabe Israel contra mí, diciendo: Mi mano me ha salvado."* Isaías 55:8 — *"Porque mis pensamientos no son vuestros pensamientos, ni vuestros caminos mis caminos, dijo Jehová."*

Sin duda, los caminos de Dios son lo opuesto a los caminos del hombre. Tendemos a poner nuestro mayor énfasis y tiempo en organizaciones humanas, estrategias, y metodología. El patrón del mundo es desarrollar y exaltar a los programas humanos, sus fuerzas y habilidades. Y aún, mientras las Escrituras claramente demuestran, que el patrón de Dios es traernos a un punto de debilidad y total dependencia en Él. (2ª. Corintios 12:9)

Dios se desagrada cuando ponemos un énfasis predominante en nuestros propios métodos; y comparativamente un pequeño énfasis en la oración. Y desafortunadamente éste, aún es el patrón típico en la mayoría del cristianismo de hoy. Puede que demos un servicio casual de labios a la oración, pero la oración definitivamente no es la práctica mayormente prioritaria. Simplemente, "decir" que la oración es vital no es lo mismo como "practicarla" como vital.

Amigo, su compromiso en desarrollar una poderosa vida de oración debe ser absoluto, porque usted no estará moviéndose con la multitud. Una verdadera vida de oración poderosa, no es simplemente la práctica en la gran mayoría de creyentes. Sin embargo, creo que hay cambio en el aire. ¡La gente de Dios está lentamente comenzando a regresar a una profunda limpieza espiritual, humildad y oración! Ahora consideremos la próxima frase en el segundo fundamento.

Debe tomar un compromiso absoluto para pasar consistentemente tiempo significativo a solas con Dios en oración ininterrumpida.

¿Qué significa consistentemente pasar tiempo significativo a solas con Dios? Pienso que el mejor entendimiento es un tiempo diario con Dios. Sin duda, ese es el más fuerte patrón bíblico. Sin embargo también es importante evitar el legalismo. Recuerde, su tiempo de oración debe ser visto como una relación, no una obligación o requerimiento rígido. Aunque es vital ser disciplinado para tener un tiempo regular con Dios, no debe sentirse condenado cuando hay variaciones ocasionales al patrón. Dios no quiere que usted esté "temerosamente" viendo su reloj o tenerle pavor a su condenación si se queda corto un tiempo.

También es importante entender el significado de tiempo *significativo* con Dios. ¿Cuánto tiempo es significativo? Aunque nunca trataría de especificar el tiempo requerido, puedo decir lo que no es tiempo significativo. Un devocional diario de tres o cuatro minutos no es lo que significa una poderosa vida de oración. En tan poco tiempo, que simplemente no hay suficiente tiempo para desarrollar y experimentar todos los tipos esenciales de oración. Tres o cuatro minutos no es suficiente tiempo para desarrollar una poderosa y equilibrada relación con Dios.

Hago la sugerencia general de pasar por lo menos de 30 minutos a una hora en tiempo de oración diario. Aunque no hay nada mágico sobre el mínimo de 30 minutos, este usualmente provee suficiente tiempo para experimentar los diferentes tipos de oración, llegará a ser claro porque una poderosa vida de oración requiere más que un minuto o dos cada día. Ahora consideremos la última frase en el segundo fundamento de oración.

Debe tomar un compromiso absoluto para pasar consistentemente tiempo significativo a solas con Dios, en oración ininterrumpida.

¿Por qué es fundamental pasar tiempo a solas en oración ininterrumpida? Cuatro razones parecen ser las más cruciales.

1. Tiempo a solas con Dios es el ejemplo bíblico de Jesucristo y en las vidas de grandes cristianos a lo largo de la historia. Como Jesús es nuestro ejemplo principal, esta práctica es claramente algo que debemos adoptar (Lucas 6:12, 9:18; Marcos 1:33-35).

2. Las Escrituras hablan de la importancia de un lugar solitario para buscar el rostro de Dios. Mateo 6:6 — *"Pero tú, cuando te pongas a orar, entra en tu aposento, y cerrada la puerta, ora a tu Padre, que está en secreto*; *Y tu Padre, que ve en lo secreto, te recompensará en público.*

3. Cuando oramos, estamos en comunión con el Dios de todo el universo y Él merece nuestra plena atención. Jeremías 29:13 — "*Me buscaréis y me hallaréis, porque me buscaréis de todo vuestro corazón.*" ¿Cómo podemos aún imaginar tener una audiencia seria con el Dios del universo, mientras estamos distraídos por otras cosas? (Como no trataríamos a un líder terrenal con tal desprecio, ¿Por qué trataríamos de este modo a Dios?)

4. Dios a menudo habla en voz callada y tranquila, y debemos tener corazones tranquilos para escuchar claramente su voz. Es imposible darle a Dios nuestra plena atención mientras hacemos otra cosa al mismo tiempo.

Más allá de toda duda, el desarrollo de una verdadera vida de oración poderosa, requiere consistente tiempo a solas con Dios. Sin embargo, en ninguna manera esto sugiere que no debemos orar durante todo el día. Efectivamente, Pablo dijo que debemos "Orar sin cesar." (1 Tesalonicenses 5:17) "Aunque es ciertamente importante orar mientras que manejamos al trabajo o lavamos los platos, esto nunca puede remplazar la intensa oración dedicada que Jesús llamó "oración de closet."

En Lucas 11:1, los discípulos de Jesús hicieron su más sabia petición cuando dijeron, "Señor, enséñanos a orar." Esta es quizá la petición más grande que un cristiano le puede hacer al Padre. Aún, concerniente a la oración debemos recordar una gran verdad: Solo *aprendemos a orar orando*. ¡No aprendemos a orar primordialmente leyendo libros, o yendo a conferencias! (Aunque estos pueden ser de mucha ayuda.) Para aprender a orar, debemos consistentemente llegar a la "práctica." Amigo, hay un lugar primario para practicar. ¡Ese lugar es su tiempo diario significativo a solas con el Padre! Antes de dejar este segundo fundamento de oración, quiero compartir la parábola del "entrenador de fútbol."

La Parábola del Entrenador de Fútbol

En nuestra historia, un estudiante de secundaria muy grande caminó hacia el entrenador de fútbol y le dijo que quería jugar fútbol americano. El entrenador estaba emocionado y dijo, "hijo, me alegra tanto que quieras jugar. Ciertamente necesitamos un jugador de tu tamaño." Entonces el entrenador le dijo al muchacho que estuviera en la práctica el próximo día y le aseguró una oportunidad para jugar en el equipo.

Por los próximos tres días, el entrenador ansiosamente esperó al muchacho pero él nunca llegó a la práctica. Una semana después, el estudiante vino al entrenador nuevamente y dijo, "Entrenador, yo amo al fútbol y verdaderamente quiero estar en el equipo." El entrenador dijo, "Me alegra escuchar eso pero nunca llegaste a la práctica. Hijo, te necesitamos en el equipo, pero si quieres jugar, debes venir a la práctica." El muchacho aseguró al entrenador que estaría en la práctica el próximo día.

Una semana entera pasó, el muchacho nunca asistió a ninguna práctica. Después el muchacho vio al entrenador caminando a la distancia y le gritó para que lo esperara para hablar con él. Pero en vez de parar, el entrenador siguió caminando. El muchacho corrió al entrenador, se puso enfrente de él y le comenzó a dar el mismo discurso familiar. Mientras el muchacho proclamaba su deseo de jugar, el entrenador de repente lo interrumpió y dijo las siguientes palabras:

"No hijo, tú, verdaderamente no quieres jugar fútbol. Te dije que para jugar deberías venir a la práctica. La verdad es que prefieres hacer otras cosas que pagar el precio de estar en el equipo. Cuando dices que quieres jugar, y aún no vienes a la práctica, te estás engañando a ti mismo. Ahora discúlpame mientras voy y entreno a los muchachos que están esperándome en la práctica. "Ves hijo, ellos si quieren jugar fútbol."

La Aplicación Espiritual

Muchos de nosotros a menudo le hacemos la siguiente declaración a Dios, "Señor, verdaderamente quiero crecer espiritualmente y quiero que me uses en tu Reino. Verdaderamente quiero conocerte y quiero ver un avivamiento en mi iglesia y mi nación. Señor, quiero que me llenes con el Espíritu Santo y me enseñes a orar con poder."

Aún, Dios inmediatamente nos dice, "Si verdaderamente quieres estas cosas, entonces debes estar dispuesto a llegar a la práctica, y pagar el precio en oración consistente." (Jeremías 29:13; Juan 15:5-8) Marque esto bien — el "lugar de práctica" es pasar mucho tiempo personal con Dios en oración diaria. ¡Amigo, si decimos que queremos crecer y aún pocas veces nos aparecemos para orar seriamente, nos estamos engañando a nosotros mismos! ¡Dios *no le puede* enseñar a orar si usted no se aparece en la práctica! ¿Ahora comienza a ver porqué este segundo fundamento es tan crucial? Hasta que haga el compromiso serio para una vida de oración diaria significativa, nunca podrá llegar a la plena madurez en Cristo. Nunca será poderoso en oración hasta que le dé el tiempo diario a Dios para llegar a ser uno.

En este punto, quiero nuevamente darle gran ánimo y esperanza. ¡Por la gracia de Dios, puede hacer esto! Si comienza con solo 30 a 45 minutos cada día, Dios revolucionará su vida, familia, y ministerio. En esencia, se trata de una simple elección diaria. Es, "Si voy a pasar tiempo con Dios o, no, no lo haré." Comenzando desde ahora, oro que su respuesta sea un Sí.

Hasta ahora, hemos examinado los primeros dos fundamentos de una poderosa vida de oración: primero, observando la oración como una relación con Dios y segundo, pasar tiempo significativo en oración diaria. Ahora ponemos nuestra atención en el tercer fundamento, el cual es absolutamente crucial para el poder y el crecimiento espiritual.

Tercer Fundamento de Una Vida de Oración Poderosa:

Una vida de oración poderosa requiere la "práctica balanceada" de todos los cinco tipos de oración.

Una vida de oración poderosa debe ser una vida de oración bíblicamente balanceada. ¿Pero, qué queremos decir con "bíblicamente balanceada? Quizás la ilustración de una dieta balanceada nos ayudará a entender. Todos sabemos lo que significa una "dieta balanceada." En una dieta balanceada, regularmente comemos de todos los grupos básicos de alimentos y comemos en cantidades apropiadas. De hecho, todos sabemos lo que pasa si solo comemos de uno o dos grupos de comida y completamente ignoramos los otros. No tomaría mucho tiempo para enfermarse de mal nutrición. Amigo, esta misma práctica se aplica para una vida balanceada de oración.

En general, hay cinco tipos básicos de oración. Si solo ora uno o dos tipos de oración y regularmente desatiende los otros tres, no puede tener una poderosa relación creciente con Cristo. Su crecimiento espiritual y utilidad estarán atrofiados. Tal como una dieta no balanceada causará debilidad física, una vida de oración no balanceada causará debilidad espiritual.

Es vital entender, por qué Dios nos dio diferentes tipos de oración. Cada tipo de oración tiene un papel único en desarrollar y mantener su relación con Cristo. Estar débil e inconsistente en cualquiera de los tipos básicos de oración, es estar débil en nuestra relación y servicio a Dios.

Para entender lo que es una vida balanceada de oración, debemos primero familiarizarnos con los diferentes tipos de oración. Aunque podemos identificar muchas variedades, cinco categorías representan los tipos básicos, y cada tipo es esencial para desarrollar un aspecto en particular de su vida con Dios. En general, los cinco tipos de oración son:

(1) Alabanza, Acción de Gracias, y Adoración
(2) Confesión y Arrepentimiento
(3) Petición y Súplica
(4) Intercesión
(5) Meditación (oración auditiva y reflexión)

Si consistentemente descuida cualquiera de los cinco tipos de oración, su relación con Dios será limitada. ¡Pero no se desespere! Puede entender y experimentar todos los tipos de oración en su relación con Dios. Verá cómo, en el próximo capítulo.

Preguntas para Discusión y Reflexión

1. En sus propias palabras, explique por qué es tan importante ver la oración como una relación. (Mateo 22:37, Juan 17:3 y 1ª Corintios 13: 1-4)

2. ¿Qué le dice a Dios cuando escoge tomar poco tiempo para la lectura Bíblica y la oración?

3. ¿Cuál es el común denominador en casi toda vida usada grandemente por Dios?

4. Explique las tres razones, por las cuales debemos hacer un compromiso absoluto, a pasar tiempo significativo a solas con Dios.

5. ¿Cómo definiría una vida de oración bíblicamente balanceada? ¿Por qué una vida de oración balanceada es tan importante?

Oraciones Para Crecimiento Diario

❖ Padre nuestro, ayúdame a hacer de nuestra relación la mayor prioridad de mi vida. Ayúdame a no poner mis actividades o ministerios antes de una relación de amor contigo. Que nunca llegue a estar tan ocupado "para" Ti, que descuide el tiempo "contigo." (Lucas 10:38)

❖ Padre, enséñame a que no puedo hacer nada aparte de Ti. Lléname con el deseo de permanecer largo tiempo en Tu presencia. Ayúdame a orar y mantenerme cerca, que Cristo viva en mí. (Juan 15:1-8)

❖ Dios, concédeme hambre de Ti, que no descuide ninguno de estos tipos esenciales de oración y mi relación contigo.

Capítulo Dos

Entendiendo los Cinco Tipos Básicos de Oración

En este capítulo, identificaremos los cinco tipos básicos de oración y describiremos su impacto único en su relación con Dios. Es esencial entender y practicar cada tipo de oración regularmente. Cada tipo de oración tiene un papel único y esencial en la relación del creyente con Dios. Por esta razón, ningún tipo de oración es más o menos importante que los otros. En la medida que usted lea acerca de los diferentes tipos de oración, pídale a Dios que le revele como sus necesidades en su vida de oración necesitan ser ajustadas.

Primer Tipo de Oración: Alabanza y Acción de Gracias.
Alabanzas y acción de gracias, son las principales maneras, como nosotros adoramos a Dios diariamente.

Una parte esencial de nuestra relación con Dios es el tiempo diario de alabanza y adoración. Después de todo, nuestro principal propósito es alabar y adorar al Padre. Y una vez más, ¿cuál es el supremo mandamiento en toda la Escritura? Se encuentra en Mateo 22:37, *"Jesús le dijo: Amarás al Señor tu Dios con todo tu corazón, y con toda tu alma y con toda tu mente."* Claramente este pasaje nos llama a una práctica consistente diaria de alabanza y acción de gracias.

Aún, para muchas personas, la mayor parte de la oración consiste en traer una lista de necesidades y peticiones a Dios. Nosotros normalmente tenemos un tiempo corto de alabanza, de manera que podamos llegar rápido a nuestra lista de peticiones o deseos. En esencia, esto es todo lo opuesto a los propósitos y prioridades de Dios. Más que cualquier cosa, Dios quiere nuestra alabanza y adoración sincera. Y amigo, cuando adoramos a

Dios correctamente, Dios puede responder nuestra oración más rápido. Una vida de oración bíblicamente balanceada requiere absolutamente tiempo consistente en adoración profunda y acción de gracias a Dios. Nosotros debemos pedirle a Dios diariamente crecer en alabanza efectiva y adoración. Debemos hacer un espacio adecuado en nuestro tiempo de oración para experimentar alabanza y acción de gracias genuinas.

Escrituras de referencia: Salmo 100:1-5, 50:23, 22:3; 1ª.Tesalonicenses 5:16-18; Hebreos 13:15

Segundo Tipo de Oración: La Confesión y Arrepentimiento.
La confesión y Arrepentimiento Consistente, es la principal manera a través de la cual nosotros recibimos el perdón de Dios y mantenemos una vida llena del Espíritu.

¡Es imposible andar en la plenitud del Espíritu, sin un patrón consistente de confesión diaria y arrepentimiento! La confesión consistente y la limpieza representan la manera principal a través de la cual nosotros crecemos, y somos transformados conforme a la imagen de Cristo. De hecho, de acuerdo al Salmo 66:18, dejar de practicar la confesión regular, bloquea el flujo de la oración respondida. *"Si en mi corazón hubiese yo mirado a la iniquidad, El Señor no me habría escuchado".* La confesión concienzuda debe ser una parte consistente de cada vida de oración balanceada.

Para que una confesión sea genuina, debe además ser minuciosa. El salmista dijo, *"Examíname, oh Dios, y conoce mi corazón; Pruébame y conoce mis pensamientos; Y ve si hay en mí camino de perversidad, Y guíame en el camino eterno."* (Salmo 139:23-24) La búsqueda de Dios implica claramente un proceso minucioso. Amigo, tú no puedes buscar algo, en un cuarto abarrotado de cosas, solamente con una simple mirada,

El Camino Biblico a la Santidad y la Relacion con Dios

tu corazón debe ser examinado por una revisión aún de más de diez segundos.

Rara vez también muchos creyentes le piden a Dios examinar su corazón y luego le dan solo diez segundos para hacerlo. Nosotros algunas veces corremos a través del tiempo de confesión, para llegar rápido a la lista de peticiones y necesidades. Una vida de oración bíblica balanceada requiere tiempo significativo en confesión regular a Dios. Sólo entonces puede Dios llenarnos y fortalecernos por el Espíritu Santo.

Desafortunadamente, la siguiente declaración representa la manera cómo los cristianos frecuentemente practicamos la confesión. "Dios, ¿hay alguna cosa mala en mi vida? ¿Hay alguna cosa que necesito cambiar? Después de una pausa rápida de diez segundos, nosotros entonces decimos, "Yo creo que no, ahora déjame darte mi lista de oración". Ahora esto puede sonar un poco gracioso, pero tristemente describe la práctica de millones. Amigo, nadie puede caminar en la plenitud de Dios, con una práctica superficial de confesión y limpieza.

Escrituras de referencia: 2ª. Crónicas 7:14; Proverbios 28:13; Salmo 51:6-10, 24:3-5, 66:18; 1ª. Juan 1:9; Mateo 5:23, 6:14

Tercer Tipo de Oración: *Petición-* Petición es el tipo de oración en la cual nosotros presentamos nuestras necesidades personales y deseos a Dios.

Más allá de preguntar, Dios quiere que nosotros vengamos a Él con cada necesidad y preocupación. Ciertamente no hay nada egoísta en presentar nuestras necesidades a Dios. De hecho, Dios nos invita a hacer justamente eso. Las palabras de Jesús en Juan 16:24, revela la gracia del corazón del Padre hacia sus hijos. *"Hasta ahora nada habéis pedido en mi nombre; pedid, y recibiréis, para que vuestro gozo sea cumplido."* Sin embargo, es crítico que aprendamos a enfocar nuestras peticiones personales en las prioridades más grandes de Dios para nuestras vidas.

En la medida que pase mayor tiempo con el Padre, aprenderá más a pedir lo que trae el mejor bien eterno. En la medida que aprenda a permitir que Dios guíe sus peticiones, verá más y más respuestas milagrosas. Una vida de oración balanceada se construye en peticiones personales que tienen base bíblica y nacen del corazón de Dios mismo.

Escrituras de referencia: Filipenses 4:6-7; Hebreos 4:15-16; Juan 15:7

Cuarto Tipo de Oración: *Intercesión* – Intercesión es el tipo de oración que se enfoca en las necesidades de otros.

Interceder por alguien es espiritualmente ponerse en la brecha como se menciona en Ezequiel 22:30 — *"Y busqué entre ellos hombre que hiciese vallado y que se pusiese en la brecha delante de mí, a favor de la tierra, para que yo no la destruyese; y no lo hallé."* El pasaje de Ezequiel describe la intercesión por toda una nación en rebelión contra Dios. Intercesión es además el tipo de oración usado por un cristiano alejado, o la salvación de una persona perdida.

Sin embargo, la intercesión no es solamente por personas alejadas del Señor o perdidas. Es además vital interceder por aquellos en servicio significativo a Dios; tales como evangelistas, misioneros, pastores y maestros. Orar por aquellos con necesidades físicas representa también otro tipo de intercesión. La intercesión es una categoría amplia de oración que cubre cualquier cosa, desde orando por el perdido, hasta orando por la bendición de Dios sobre un gran evangelista o pastor. Dios ha ordenado la intercesión como el medio principal por medio del cual Él trabaja para salvar al perdido y darle poder a la iglesia.

Es importante notar que Dios ha llamado a todos los creyentes a interceder. Aunque algunos son llamados para interceder a niveles mayores, ningún creyente puede decir, "La intercesión no es para mí." Todos los creyentes deben practicar al menos los niveles básicos de la intercesión regular (1ª. Timoteo 2:1-2)

Trágicamente, la intercesión es el tipo de oración menos practicada, porque requiere atención fuera de nuestro propio círculo inmediato. Es además el tipo de oración más crucial para alcanzar al perdido y renovar la iglesia. Una vida de oración bíblicamente balanceada debe incluir intercesión consistente por todos los asuntos del Reino.

Escrituras de referencia: 1º. Samuel 12:23; Ezequiel 22:30; 2ª. Timoteo 2:1

Quinto Tipo de Oración: *Meditación* − El acto de reflexionar en la Palabra de Dios y escuchar en silencio la dulce voz del Señor.

Para algunos les parecerá extraño incluir la meditación como un tipo de oración. Yo la he incluido por mi definición primaria de la oración. "La oración es una relación que va más allá de un simple ritual o disciplina. Como orar es una relación con Dios, ¿Cómo podemos tener una relación balanceada si solo nosotros hablamos? ¡Una relación sana debe ser de dos vías! En el tiempo de oración, la meditación es el tiempo en el cual usted calladamente reflexiona en la lectura de la Escritura y las impresiones que Dios le ha dado. Un hábito excelente es escribir cualquier impresión o Escritura que Dios haya puesto en su espíritu. En gran manera le recomiendo que mantenga un diario de oración.

La meditación nos permite experimentar una relación personal con Dios, opuesta a solo recitar una lista de necesidades y deseos. Cuando nosotros oramos hablamos con Dios; cuando meditamos, Él nos habla. Una vida de oración bíblica balanceada incluye tiempo de detenerse y escuchar la suave voz de Dios. (Después de todo, Dios usualmente no grita.) Él, mayormente le habla a aquellos quienes consistentemente tienen su corazón dispuesto para escucharle. *"Y me buscaréis y me hallaréis, porque me buscaréis de todo vuestro corazón."* (Jeremías 29:13)

Yo me atrevo a decirle que "escuchar a Dios" es la clave fundamental para una vida efectiva de oración. ¡Todas las oraciones sinceras comienzan con Dios mismo! Después de todo, orar no es decirle a Dios lo que Él tiene que hacer. Orar es descubrir lo que Dios quiere que nosotros hagamos y unirnos a Él como colaboradores, a través de nuestras oraciones. Por medio de la meditación, aprenderá a escuchar la dirección de Dios, y así sus oraciones se inician de Su corazón y mente.

Escrituras de referencia: Salmos 1:2, 63:6, 77:12, 143:5, 119:15, 119:148; Jeremías 29:13; 1ª. Juan 5:13-14

¿Por qué Todos los Tipos de Oración son Esenciales?

Ahora que hemos descrito los tipos básicos de oración, es vital entender sus "inter-conexiones." Cada tipo de oración está designado a desarrollar una parte particular de su relación con Dios. La práctica consistente de cada tipo de oración es absolutamente esencial para una relación poderosa e integral con Dios. Ningún cristiano puede permitirse ser débil o inconsistente en cualquiera de los principales tipos de oración. Tristemente, muchas personas no ven la oración como una relación personal abundante con Cristo, pero más aún como un medio para asegurar sus propias necesidades percibidas o deseadas.

Desafortunadamente, el patrón típico es andar rápido a través de la acción de gracias y confesión, para llegar a nuestra lista de peticiones. Y en la vida de muchos, la oración consiste de unas pocas peticiones personales con poca o ninguna intercesión por las grandes necesidades del Reino. Hermanos, si nosotros seguimos ese modelo, nosotros estamos seriamente atrofiados en el crecimiento espiritual y utilidad para Dios.

Para ilustrar más la necesidad de la oración balanceada, vamos otra vez a considerar la ilustración de una dieta balanceada. De hecho, ¿Qué, si todo lo que usted comiera fuese pastel de chocolate? Bien amigo, no pasaría mucho tiempo sin que usted se enferme. Usted se enfermaría porque los seres humanos saludables requieren una dieta estable de todos los grupos principales de alimentos. Exactamente de la misma manera, Dios nos dio varios tipos de oración para desarrollar una relación rica y saludable con Él mismo.

Si usted descuida el tiempo regular en adoración, alabanza y acción de gracias, usted está descuidando la adoración personal, la cual es la primera y principal cosa que Dios desea. Si usted descuida la confesión regular y limpieza, Dios no oirá sus oraciones. *"Si en mi corazón hubiese yo mirado a la iniquidad, El Señor no me habría escuchado."* (Salmo 66:18) Cuando usted descuida la intercesión, usted está descuidando un mandamiento importante que Dios les ha dado a todos los creyentes. Usted está descuidando el método principal de Dios en traer a los perdidos y fortalecer la iglesia.

Usted debería notar que una vida regular de oración balanceada no ocurre por accidente. Para crecer realmente en oración, el creyente debería entender dos cosas: Primero, los creyentes deben entender completamente que todos los cinco tipos de oración necesitan ser una parte significativa de su vida de oración diaria. Segundo, los creyentes deben hacer el compromiso de buscar crecer en los varios tipos de oración. Obviamente, esto requiere un compromiso de tiempo consistente.

No hay manera de que alguien pueda experimentar los cinco tipos básicos de oración, si oran sólo de cuatro a cinco minutos diarios. ¿Empieza usted a ver ahora, cómo los tres fundamentos de la oración están interrelacionados? Cuando usted mira su tiempo de oración como una relación, y le da a Dios tiempo significativo, entonces solo a partir de ese momento puede Él, guiarle a una experiencia completa de oración bíblica balanceada.

Desarrollar una vida de oración poderosa, definitivamente requiere un compromiso diario y una disciplina guiada por el Espíritu. Si el único tiempo que usted alaba y agradece a Dios es, cuando usted tiene el deseo de hacerlo, entonces su vida de alabanza será débil e inconsistente. Si usted solo practica la confesión, cuando siente el deseo de hacerlo, entonces usted pocas veces caminará en la plenitud del Espíritu de Dios. Una vida de oración bíblica balanceada requiere hacer la decisión diaria y el compromiso de permitirle a Dios guiarle en una relación abundante con Él mismo. Pero amigo, no se desanime. Su amante Padre está más que listo para ayudarle a desarrollar una vida de oración bíblica y balanceada.

Hasta ahora, algunos lectores pueden sentirse un poco abrumados. Después de leer esta sección, una vida de oración poderosa puede parecer más allá de su alcance. Por favor no se desanime. La gracia de Dios es más que suficiente, y usted puede desarrollar una vida poderosa de oración. Nuestro Dios es maravilloso paciente y lleno de Gracia. Él le puede tomar de donde usted está ahora, y amorosamente guiarle para siempre a niveles más profundos de oración.

A este punto, Yo debo resaltar lo que quiero decir con una vida balanceada de oración. Una vida de oración balanceada, no debe convertirse tan reglamentada y programada, que usted siempre le dedique la misma cantidad exacta de tiempo a cada tipo de oración. Orar, no debe convertirse en una fórmula legalista que es usada en una manera mecánica. *Recuerde, su vida de oración es una relación personal con un Dios vivo.*

Como en cualquier relación, habrá variaciones en el tipo de comunicación necesaria para cada nuevo día. Algunos días usted será guiado a pasar más tiempo en alabanza y adoración, mientras que otros días usted requerirá mucho más tiempo en confesión. En otros días, Dios le enfatizará a pasar más tiempo en intercesión y petición. Su vida de oración debe ser una relación viva y dinámica con Dios, no un programa rígido que nunca varía.

Aunque el propósito principal es pasar fielmente tiempo en todos los diferentes tipos de oración, usted no debe usar los diferentes tipos de oración en el mismo orden o cantidad. De hecho, algunos días Dios le puede guiar a pasar casi todo su tiempo en sólo uno o dos tipos de oración. Aún en un sentido general, todos los tipos de oración serán una expresión consistente de su relación personal con Dios.

Conclusión y Resumen

La intención de Dios para todos Sus hijos es tener una relación dinámica con Él. Él describe la iglesia como Su novia, y Él anhela tener una relación personal de amor con todos Sus hijos. El corazón de esa relación de amor es su vida de oración. Dios intenta aún más que todos sus hijos sean fuertes en su vida de oración.

Ningún hijo de Dios debe sentir que respuestas milagrosas están lejos de su alcance. Si usted es salvo, usted no es solamente capaz, pero también es responsable de desarrollar una relación de oración poderosa con Cristo. Eso requiere una decisión diaria.

No hay duda que todos nosotros deseamos poder hacer un compromiso glorioso que pueda durar por siempre. La verdad es, que todos debemos decidir pasar tiempo de calidad con Dios. Ciertamente entre más largo lo hagamos, más fácil se hará, pero Satanás nunca dejará de tratar de detenernos para que descuidemos nuestro tiempo de oración. Sin embargo, nosotros deberíamos siempre recordar una verdad gloriosa: Jesucristo es Señor y Satanás está derrotado. Por la gracia de Dios, usted puede ser un intercesor poderoso. A este punto, por favor considere en oración tres preguntas claves:

Primera Pregunta: ¿Ha contemplado usted su tiempo de oración como una relación personal, o como una obligación necesaria a desempeñar?

Si su vida de oración no es vista como una relación amorosa con Cristo, entonces usted está perdiendo el propósito total de la oración, del ministerio y de la vida misma. *"Y esta es la vida eterna: que te conozcan a ti, el único Dios verdadero, y a Jesucristo, a quien has enviado."* (Juan 17:3) ¿Se detendría usted ahora y le pediría a Dios sinceramente ayuda para ver su vida de oración como una relación personal profunda con Él? Pídale perdón por descuidar su relación con Él. Clame a la gracia de Dios por una nueva relación gloriosa con Él.

Segunda Pregunta: ¿Siente usted la convicción de Dios, de que su tiempo de oración ha sido muy breve, o inconsistente?

Si es así, usted hará ahora una de las dos respuestas: Usted hará un compromiso firme de darle a Dios más tiempo, o usted ignorará Su dirección. ¿Hará usted una pausa para hacer un compromiso genuino en relación a la cantidad de tiempo que usted pasará con Dios? Sea específico y decida ahora cuánto tiempo le dedicará a Dios. Decida el tiempo específico y el lugar. Muestre su seriedad escribiendo y compartiendo su compromiso con un amigo. Sea responsable en rendirle cuentas a alguien.

Tercera Pregunta: ¿Siente usted que está débil en alguno de los tipos básicos de oración?

Una relación balanceada y completa con Cristo *requiere* una práctica balanceada de *todos* los diferentes tipos de oración. ¿Por qué no se detiene ahora y le pide a Dios que lo ayude a crecer en todas las categorías cruciales de oración? Dígale a Dios de su compromiso para desarrollar una relación bíblica balanceada.

En los próximos capítulos, yo voy a bosquejar un modelo bíblico práctico para desarrollar una oración poderosa y una relación dinámica con Cristo. Yo oro para que cada lector haya entendido los tres fundamentos de una vida de oración. Si no, entonces, ninguna guía será de mucho valor. Pero amigo, si usted está listo para tener tiempo real para sus oraciones diarias, *nada* puede impedir que usted tenga una vida de oración increíble. No se desanime, con Dios todas las cosas son posibles.

Preguntas para Discusión y Reflexión

1. ¿Por qué piensa usted que el tiempo significativo en la alabanza diaria es vital en la oración y en agradar a Dios? ¿Qué sugiere usted cuando nos apresuramos a través de la alabanza para llegar a nuestra lista de peticiones?

2. ¿Por qué el tiempo significativo en la confesión diaria es esencial para el poder espiritual? ¿Qué se sugiere cuando le restamos importancia a la confesión para llegar rápido a nuestra lista de oración?

3. ¿Deberían nuestras peticiones estar centradas en lo terrenal o en los asuntos eternos? Explique su respuesta.

4. 4.¿Por qué debería la intercesión ser una parte regular de la vida de oración de cada Creyente? Dé ejemplos de temas importantes para intercesión consistente.

5. ¿De qué manera es la meditación el elemento "escuchar" de su relación de oración con Dios? ¿Por qué es escuchar una parte vital de la oración genuina?

Oraciones para el Crecimiento Diario

❖ Padre, por favor perdóname por ver mi tiempo de oración como una obligación o un ritual. Ayúdame a valorar mi tiempo en oración porque yo te amo y te aprecio. (1ª. Corintios 13:3)

❖ Dios, perdóname por favor por pasar poco tiempo contigo. Perdóname por ser Inconsistente en la oración. Ayúdame a hacer de nuestro tiempo juntos, la prioridad más importante.

❖ Señor, perdóname por descuidar algunos de los tipos esenciales de oración. Ayúdame a caminar en una relación balanceada contigo.

Capítulo Tres

Pautas de Inicio Para una Vida Poderosa de Oración

Los creyentes modernos frecuentemente piden un modelo práctico o un plan para ayudarles a orar efectivamente. En efecto, muchas escrituras enfatizan la importancia de aprender a hacer oraciones efectivas. Como Santiago 5:16 dice que algunas oraciones son efectivas, debemos concluir que algunas oraciones no lo son. En el mismo espíritu, los discípulos de Jesús hicieron su más sabia petición cuando dijeron: *"Señor enséñanos a orar."* (Lucas 11:1)

Es verdaderamente triste que muchos cristianos estén orando a niveles no efectivos, y ni siquiera se dan cuenta. En éste capítulo, nuestro propósito es ayudarle a adoptar modelos simples que revolucionarán su oración. Antes de dar un bosquejo de un patrón práctico de oración, es importante recordar dos principios preliminares.

Dos Cosas Para Recordar:

1. La lectura regular de cantidades significativas de la Escritura es absolutamente esencial para su vida de oración.

Es imposible desarrollar una oración bíblica poderosa sin juntar sus oraciones con las promesas de la Palabra de Dios. Romanos 10:17 nos revela la importancia de la palabra de Dios para nuestra fe. *"Así que la fe es por el oír, y el oír, por la palabra de Dios."* No puede haber una poderosa vida de oración sin el conocimiento creciente de las verdades de Dios.

Jesús aún dice que vivimos de cada palabra que sale de la boca de Dios. También es vital darse cuenta que necesita significantes porciones de la Escritura. No podría estar físicamente saludable con uno o dos bocados de comida, igual no puede estar espiritualmente saludable con trocitos ocasionales de Escritura.

En 1ª. Juan 5:14,15, vemos la más profunda evidencia de la importancia de la Palabra de Dios en la oración. *"Y esta es la confianza que tenemos en él, que si pedimos alguna cosa conforme a su voluntad, él nos oye. Y si sabemos que él nos oye en cualquiera cosa que pidamos, sabemos que tenemos las peticiones que le hayamos hecho."* Cuando conocemos la Palabra de Dios, sabemos su voluntad y luego sabemos cómo orar. Aún más, cuando oramos en Su voluntad, sabemos que las respuestas están en camino. En orden para asegurar una vida de oración poderosa, hago dos sugerencias con respecto a la Palabra de Dios.

Primero: Pase tiempo diariamente leyendo y meditando en la Palabra de Dios. Le animo a utilizar uno de los excelentes programas de hoy, para leer la Biblia entera por lo menos una vez al año. La mayoría de estos programas incluyen lecturas diarias del Antiguo y Nuevo Testamento. De esa manera, usted recibe un balance de Escritura de diferentes partes de la Biblia. Lo más importante es ser consistente y seguir la guía de Dios en su Palabra para su propio tiempo.

También puede adquirir una "Biblia de Estudio" práctica. Las referencias a mano le ayudarán rápidamente a buscar otras escrituras mientras lee.

Segundo: Después de su lectura Bíblica, escriba mensajes claves que Dios le hable a su corazón. De ésta manera, está meditando en la Palabra de Dios, y así, permitiéndole hablar directamente a su corazón. Su lectura bíblica y oración entonces llegan a ser más que una disciplina; ¡experimentará una relación personal de amor con Cristo! Al igual que hablar con Dios, le está dando a Dios la oportunidad de hablar con usted. Esta práctica revolucionará su relación con Dios. Invierta tiempo en escribir un diario de oración.

2. Familiarícese con las pautas y principios bíblicos para una oración poderosa.

Tal y como hay principios básicos para cualquier actividad, hay patrones definidos para la oración efectiva. Sólo cuando seguimos las reglas de Dios, su gran poder será liberado. Trágicamente, muchos cristianos no pueden ni nombrar los principios básicos de la oración poderosa (mucho menos practicarlos). En los siguientes párrafos, identificamos y describimos tres pautas y ocho principios de la oración poderosa.

Tres Pautas Prácticas Para la Oración Poderosa

a.) Esté preparado para darle a Dios el mejor tiempo de su vida. Una significativa cantidad de tiempo de calidad es vitalmente importante. Una hora es una buena meta para comenzar. Dé a Dios su plena atención. Aproxímese a este tiempo como una relación con Dios.

b.) Propóngase experimentar una vida "balanceada" de oración. Familiarícese con los cinco tipos de comunicación de oración para dejar que Dios le guíe mientras ora diferentes tipos de oración.

c.) Diariamente, pídale a Dios que le enseñe a orar. (Lucas 11:1) Busque un encuentro fresco con Dios y no caiga en la trampa de rutina seca. Recuerde, sólo puede experimentar la oración genuina permitiendo en su vida la obra del Espíritu Santo. Siempre pida la unción y guía de Dios mientras ora.

Familiarícese con los Ocho Principios de la Oración Poderosa

1. Ore con actitud de autoridad y confianza en el nombre de Jesús. Debemos venir en el nombre de Jesús, confiando que Él perdona, sabiendo que nos invitó a hacer grandes oraciones (Juan 14:13-14 — *"Y todo lo que pidiereis al Padre en mi nombre, lo haré, para que el Padre sea glorificado en el hijo."*), y esté seguro de sus respuestas. (Hebreos 4:16 — *"Acerquémonos, pues, confiadamente al trono de la gracia, para alcanzar misericordia y hallar gracia para el oportuno socorro"*)

Amigo, no nos acercamos a Dios de nuestra propia iniciativa, ¡Él nos invita! ¡No venimos en nuestra propia rectitud, venimos en la de Él! Así que, no hemos de acercarnos a Dios con falta de confianza o esperanza. Cuando venimos en el nombre de Jesús, venimos en Su autoridad, no en la nuestra, debe creer que sus oraciones tienen poder para mover montañas porque viene en Su invitación, no su propia iniciativa. Nunca diga, "No puedo ser un intercesor poderoso" cuando Dios dice que usted puede, si se puede.

2. Pase tiempo de calidad, permitiendo que Dios lo escudriñe para que sea frescamente limpiado de todo pecado o estorbo. (Proverbios 28:13 — *"El que encumbre sus pecados no prosperará; mas el que los confiesa y se aparta alcanzará misericordia."*) Sugiero que use una hoja de guía de confesión o ayuda. De ésta manera puede asegurarse que Dios está escuchando sus peticiones. (*Vea las páginas 102 a 104 para ayuda práctica.*) Es vital que su confesión y arrepentimiento sean completos. No apure su tiempo de confesión en manera breve o casual. El libro **Returning to Holiness (De Regreso a la Santidad)** está diseñado con el propósito de limpieza y crecimiento diario. (Vea la parte de atrás de este libro para más información.)

3. Específicamente pídale que lo llene y unja con Su Espíritu. (Efesios 5:18. Recuerde que está a punto de embarcarse en un ministerio que requiere el gran poder del Espíritu Santo. Determine ser sensitivo a dictados y cargas de conciencia que Él le dé mientras ora. (Romanos 8:26 — *"Y de igual manera el Espíritu nos ayuda en nuestra debilidad; pues qué hemos de pedir como conviene, no lo sabemos, pero el Espíritu mismo intercede por nosotros con gemidos indecibles."*) No puede orar en poder, sin la llenura del Espíritu de Dios, tal y como no puede físicamente levantar una locomotora.

4. Determine orar en fe genuina y expectación. (Marcos 11:22-24 — *"Respondiendo Jesús, les dijo: Tened fe en Dios. Porque de cierto os digo cualquiera que dijere a este monte: Quítate y échate en el mar, y no dudare en su corazón, sino creyere que será hecho lo que dice, lo que diga le será hecho."*) Pida promesas directamente relacionadas a sus oraciones. Sólo la oración que se cree tiene poder con Dios. Use la Palabra de Dios para encontrar la voluntad de Dios en sus oraciones. (1ª. Juan 5:14-15, Romanos 10:17) Es vital recordar que la fe debe ser una "elección" y más que un simple "sentimiento." Habrá muchas veces que necesitará escoger creer y seguir orando a pesar de las circunstancias y sentimientos contrarios.

5. Pídale a Dios que prevenga la influencia de Satanás en usted y en los temas por los cuales ora. Recuerde, entrar en tiempo serio de oración es como ser un soldado entrando al campo de batalla. ¡Asegúrese que su armadura esté puesta! (Efesios 6:11 — *"Vestíos de toda la armadura de Dios, para que podáis estar firmes contra las asechanzas del diablo."*) La oración no es sólo cómo nos preparamos para la batalla espiritual, la oración *es* la batalla.

6. Pida a Dios un espíritu de fervor en su oración. *"La oración eficaz del justo puede mucho."* (Santiago 5:16) Ayuno periódico puede ser de mucha ayuda para aumentar el fervor y poder de sus oraciones. Cuando comience a orar, crea que Dios lo llena con Su propia pasión intensa y amor.

7. Sea lo más específico posible en sus oraciones. (Filipenses 4:6 — *"Por nada estéis afanosos, sino sean conocidas vuestras peticiones delante de Dios en toda oración y ruego, con acción de gracias."*) Las oraciones generales dan poco resultado. ¡Las oraciones específicas mueven montañas! Pídale a Dios que le dé peticiones muy específicas que estén basadas en las Escrituras. Es vital aprender a orar con la misma Palabra de Dios.

8. Con respecto a sus peticiones de oración claves, busque encontrar un compañero comprometido quien esté de acuerdo con usted en oración unida. (Mateo 18:19 — *"Otra vez os digo, que si dos de vosotros se pusieren de acuerdo en la tierra acerca de cualquiera cosa que pidieren, les será hecho por mi Padre que está en los cielos."*) Hay poder especial cuando los creyentes se unen en oraciones específicas de fe.

Sobre todo, recuerde que una vida poderosa de oración es la única manera para una dinámica y creciente relación con el Padre. La oración genuina no es un ritual o ejercicio; es el mismo corazón de una poderosa relación con Dios. ¡De hecho, la oración genuina es una relación!

Mientras se familiariza con los ochos principios de la oración, Dios transformará la manera en que ora. Antes de comenzar su tiempo de oración principal, simplemente tome un momento y recuerde todos los principios básicos de oración poderosa. Pídale a Dios que le ayude a orar en cooperación con todos los principios bíblicos de oración genuina. Mientras más se adhiera a principios bíblicos de oración, Cristo más obrará por medio de usted. ¡Milagros ciertamente seguirán! En los siguientes capítulos, examinaremos un patrón bíblico práctico para conducir su diaria vida de oración. ¡Y recuerde, si llega a la práctica diaria, Dios le enseñará a orar!

Preguntas Para Discusión y Reflexión

1. De acuerdo a Mateo 4:4, Romanos 10:17 y 1ª. Juan 5:14,15, ¿Por qué es la Escritura tan vital para la salud espiritual y la oración poderosa?

2. Describa dos maneras para encontrar a Dios cuando lee Su Palabra.

3. En sus propias palabras, brevemente haga una Lista y describa los ocho principios de oración poderosa.

Oraciones Para Crecimiento Diario

❖ Padre nuestro, Ayúdame a encontrarte a diario en tu Santa Palabra. Concédeme que no descuide más tu Palabra, como no descuido comer mis comidas diarias.

❖ Padre, enséñame a orar en el poderoso y morador poder de Jesucristo. (Juan 14:12-14)

❖ Dios, concédeme el deseo de purificar mi corazón ante ti. (1ª. Juan 3:3)

❖ Padre, sin Tu gracia no sé orar como debo. Lléname con el Espíritu Santo para que te sienta guiándome, y ore en la capacidad de Cristo mismo. (Romanos 8:26)

❖ Padre Celestial, por favor revélame tus promesas y ayúdame a orar con una fe genuina que mueve montañas. (Marcos 11:22-24; Romanos 10:17)

❖ Padre, hazme un instrumento de uso en oración. Ayúdame a utilizar los instrumentos de oración para derrumbar las fortalezas del enemigo. (2ª. Corintios 10:3-5) Protégeme de artimañas y ataques del enemigo.

❖ Dios, concédeme un corazón ferviente. Dame ojos que lloren por lo que te hace llorar a ti.

❖ Padre, revela tus palabras para que ore de acuerdo a tu perfecta voluntad. (Filipenses 4:6)

Capítulo Cuatro

Fase Uno: Acérquese a Dios a través de la Alabanza y Adoración Diaria

¿Hay una forma exacta que usted siempre sigue cuando viene a su tiempo de oración? La respuesta rápida es no. Su tiempo diario con Dios es una relación y debe siempre contener un elemento de *espontaneidad y variación*. La meta es permitir al Espíritu Santo guiarle cada vez que usted se reúne con Dios. Aún, hay modelos generales que son bíblicos y sirven como reglas básicas. En los próximos capítulos, nosotros examinaremos un modelo bíblico efectivo por el cual Dios guía a millones en oración. Yo describiré los elementos básicos como "fases" de su vida diaria de oración.

Fase Uno: Pase los primeros momentos en alabanza genuina, acción de gracias y adoración.

En el Salmo 100:4 el escritor dice: "Entrad por sus puertas con acción de gracias. Por sus atrios con alabanza." En este texto, Dios nos recuerda venir ante Él con un sentido de admiración, alabanza, y reverencia. Nosotros además vemos esto en el modelo de oración de Jesús. *"Padre nuestro que estás en los cielos, santificado sea tu nombre."* (Lucas 11:2) ¿Pero cómo exactamente venimos nosotros a Dios con alabanza y adoración genuina? Yo sugiero tres reglas.

Pasos para un Tiempo Significativo de Alabanza

1. Dedique tiempo adecuado para la alabanza y adoración sincera. No trate de correr a través de su tiempo de alabanza

para llegar rápido a la lista de peticiones. Recuerde por sobre todas las cosas que Dios quiere que usted lo alabe y lo adore de corazón. Un mínimo de varios minutos debería ser dado a nada más que alabarle y adorarle.

2. Pase tiempo dándole gracias a Dios por las cosas que Él ha hecho en su vida. El salmista dice que nosotros no debemos "olvidar ninguno de Sus beneficios." (Salmo 103:2) Una sugerencia práctica es agradecer a Dios por promesas pasadas, presentes y futuras de bendición. Pídale a Dios, que permita al Espíritu Santo que lo guíe a reflexionar en bendiciones pasadas, presentes y futuras. Nada edifica su fe y lo prepara a usted a orar, como darle gracias a Dios por una lista significativa de oraciones respondidas.

3. Pase tiempo alabando a Dios por lo que Él es y por sus características. Por ejemplo, Usted puede alabar a Dios porque Él es: amoroso, bueno, y compasivo; misericordioso y paciente; perdonador y lleno de gracia, todopoderoso y lo sabe todo, fiel, justo, soberano, Rey de Reyes, etc.

Yo le sugiero que usted se detenga a meditar en cada una de las características de Dios y lo alabe por lo que ello significa para su vida. No solamente mencione Sus características, tómese un momento para reflexionar en lo que ellas significan para usted ahora y en el futuro.

Otro modelo para alabar a Dios es meditar en el significado de Sus nombres bíblicos. Algunos ejemplos son: (Todopoderoso, Génesis 17:1; Padre de las Luces, Santiago 1:17; Fortaleza, 2º. Samuel 22:2; Yo Soy, Éxodo 3:14; Jehová (El Shadai), Éxodo 6:3; Juez, Génesis 18:25; Nuestra Fortaleza, Éxodo 15:2; Señor de Señores, Deuteronomio 10:17; Admirable, Consejero, Isaías 9:6; Nuestro Sanador, Jeremías 17;14; Príncipe de Paz, Isaías 9:6; Alfa y Omega, Apocalipsis 1:18; etc.)

Cuando nosotros tomamos tiempo para meditar en quién es Dios y todo lo que Él ha hecho por nosotros, alabarle se convierte en algo natural y espontáneo. Amigo, si usted sigue estas sugerencias bíblicas básicas, usted pasará más de diez minutos en alabanza y adoración

Tome su tiempo de alabanza seriamente. Una de mis oraciones diarias es que Dios aumente la profundidad de mi alabanza y adoración. Cuando yo comienzo a pedirle a Dios ayuda en profundizar mi adoración, yo me maravillo de las maneras en que Él comienza a responder la oración. Cuando nosotros pedimos, Dios continuamente revela maneras de adorarle, en una fe siempre creciente y en una manera profunda.

Creyente, cuando usted le pide a Dios que le enseñe a adorar, usted le está pidiendo algo que está bien cerca de su corazón. Yo le animo a orar por una adoración más profunda y más pura cada día de su vida. Esa es una oración que coincide con la prioridad más importante de Dios para sus hijos.

Además aprenda que usted no puede alabar solo cuando tiene ganas de hacerlo. Nunca olvide, que la alabanza y adoración más profunda está basada en una decisión y no en un sentimiento. De hecho, la adoración más profunda de su vida será hecha en los tiempos más oscuros y dolorosos. En esos momentos usted estará verdaderamente ofreciendo a Dios sacrificios de alabanza. Es solo entonces que el verdadero nivel de su adoración será visto. (Job 1:20-22) Después de todo, cualquiera puede alabar a Dios cuando las cosas andan bien.

Más que nada, alabe y adore, prepare su corazón para una oración dinámica. Algunas veces nosotros tratamos de apurarnos en orar sin estar conscientes de la majestuosa gloria de Dios a la que nos dirigimos. Cuando nosotros descuidamos la alabanza, la oración se convierte más como un ritual seco que una relación personal cálida. Se vuelve más como repetir una lista, que una conversación de dos vías con el Dios del Universo. La manera más grande de asegurar la manifestación de la presencia de

Dios, es dándole alabanza y adoración genuina. Recuerde, "Dios habita en medio de la alabanza." (Salmo 22:3) Si le da tiempo regularmente a la alabanza significativa, Dios revolucionará su relación con Él mismo.

En el próximo capítulo, Yo describo un proceso simple para movernos a un tiempo genuino de limpieza y llenura del Espíritu Santo. Una cuidadosa limpieza espiritual es esencial para mover montañas en la intercesión y peticiones.

Preguntas para Discusión y Reflexión

1. En sus propias palabras, describa por lo menos tres pasos para tener un tiempo significativo de alabanza y adoración personal.

2. ¿Por qué usted piensa que algunos de sus momentos de adoración más profundos ocurrirán en tiempo de dolor o fracaso?

Oraciones para Crecimiento Diario

❖ Padre Dios, enséñame a darte gracias y alabarte en todo momento. (1ª. Tesalonicenses 5:18) Ayúdame a valorar y a estar consciente de las muchas cosas por las cuales debo alabarte, darte gracias y adorarte.

❖ Señor, enséñame a adorarte en caminos aún más profundos y puros. Capacítame especialmente para adorarte y alabarte en tiempos de prueba. Enséñame a ofrecer siempre a Dios, por medio de Él, sacrificio de alabanza, es decir, fruto de labios que confiesan su nombre. (Hebreos 13:15)

Capítulo Cinco

Etapa Dos: Limpiándose Ante Dios "El Camino a la Santidad"

Después que ha pasado tiempo en alabanza genuina y adoración, está listo para entrar en el período de confesión y limpieza. Este es el tiempo en el que Dios examinará su corazón, y lo limpiará de cualquier pecado que obstaculice la efectividad de su oración. Es durante el tiempo de confesión y arrepentimiento que Dios "corrige" y "ajusta" su vida. Es a través de la confesión que crecemos y le permitimos a Dios que nos forme a la imagen de Cristo. (Romanos 8:29, 12:1-2) La santidad y la santificación son dos palabras bíblicas extrañamente ausentes del diálogo de muchos cristianos modernos.

Amigo, es muy importante que esté completamente claro con Dios, *antes* de comenzar sus oraciones de petición e intercesión. Santiago 5:16 nos recuerda de la crucial verdad. *"La oración eficaz del justo puede mucho."* Es imposible hacer oraciones efectivas y guiadas por el Espíritu si hay pecado no confesado entre usted y Dios.

El salmista dijo, *"Examíname, oh Dios, y conoce mi corazón; pruébame y conoce mis pensamientos; y guíame en el camino eterno."* (Salmos 139:23-24) Dios pide un proceso profundo y no una breve casualidad formal. Es muy peligroso para los creyentes "asumir" que están en terreno de oración. Muy a menudo, el pecado ha entrado y bloqueado nuestra relación y ni siquiera estamos al tanto de esto. De acuerdo a Jeremías 17:9, es increíblemente fácil ignorar y minimizar nuestros propios pecados. *"Engañoso es el corazón más que todas la cosas, y perverso; ¿quién lo conocerá?"*

Muchas personas tienen poco poder en la oración porque a diario dejan de practicar la confesión significativa. Trágicamente, tendemos a apurarnos en nuestro tiempo de confesión para rápidamente enfocarnos en lo que queremos que Dios haga por nosotros. Tan a menudo, los creyentes dicen, "Señor, ¿hay algo mal en mi vida?" (Entonces le damos a Dios como diez segundos para que nos responda antes de seguir adelante con nuestra lista de oración) ¡Nadie puede ser verdaderamente limpio y lleno del Espíritu de Dios con una confesión tan superficial!

Por falta de confesión, muchas oraciones son secas y sin poder. Nunca debemos olvidar, que Dios no nos escucha si hay pecado no confesado en nuestra vida. (Salmos 66:18) ¡Marque esto bien! La profundidad y el poder de su vida de oración nunca serán más grandes que la profundidad de su limpieza diaria y confesión. Si su tiempo de confesión es breve, inconsistente, y superficial, entonces igual será su relación con Dios. Favor considere la siguiente ilustración en oración, que muestra la impresionante importancia de la confesión profunda. Pienso que dice mucho sobre la iglesia de hoy, altamente programada.

Confesión y el Gran Avivamiento de Shantung

Unos de los más completos ejemplos de confesión, es el gran avivamiento que tomó lugar en la provincia Shantung en China. A principios de los años 1900, un grupo de dedicados misioneros Americanos había ido a un área fuerte de la China. Era un ministerio difícil y los misioneros se habían sacrificado grandemente yendo a una región tan difícil.

Mientras que fielmente enseñaban y predicaban la Palabra de Dios, La gente China no mostraba casi ningún interés y los misioneros doblaron sus esfuerzos. Ellos oraron, testificaron y predicaron tan fuertemente como sabían. Estaban poniendo enorme esfuerzo para amar y ministrar a la gente China. Aún, había muy poca respuesta y parecía como si los corazones de las personas estaban hechos de piedra. (¿Le suena esto familiar?) Después de muchos meses, los misioneros estaban desalentados y comenzaron a preguntarle a Dios qué estaba mal. A pesar de todo su fuerte trabajo y actividades, ¿por qué había tan poco poder espiritual? La respuesta de Dios los sorprendió. En esencia Él dijo, "Hay pecado escondido no confesado en sus vidas y no están verdaderamente llenos del Espíritu Santo." Francamente, nos parece increíble que estos dedicados misioneros no estaban llenos del Espíritu Santo, pero eso es exactamente lo que Dios les dijo.

Los misioneros se pusieron de acuerdo en ir separadamente a lugares privados de oración y pedirle a Dios que les mostrara cualquier cosa que estaba apagando Su Espíritu. Cada misionero tomó la Biblia, un cuaderno y lapicero para hacer una lista de sus pecados. Entonces habían de plenamente confesar y abandonar cada pecado. Uno de los misioneros era Bertha Smith, quien sinceramente pensaba que estaba cerca de Dios y esperaba encontrar poco para confesar. Luego ella dijo que cuando dejó que Dios escudriñara su vida, vio muchas cosas que ella previamente había asumido que eran pequeñas y sin importancia. Aun, por las actitudes "pequeñas", ella comenzó a darse cuenta, que había perdido la poderosa llenura del Espíritu Santo. Estas cosas "pequeñas" eran enormes ante los ojos de un Dios tres veces Santo.

Cada misionero tuvo la misma experiencia. Después de un tiempo significante de búsqueda espiritual, los misioneros se juntaron y confesaron varias cosas el uno al otro. Luego oraron y le pidieron a Dios que los llenara con el Espíritu Santo. Al instante, algo totalmente increíble comenzó a suceder.

¡Primero, Dios permitió la llenura de Su Espíritu en los misioneros! Ellos inmediatamente sintieron un gozo y poder que nunca habían conocido. La realidad de la presencia manifestada de Dios era abrumadora. No había absolutamente ninguna duda que Dios los había llenado e investido de poder en una nueva manera. Segundo, su oración y predicación tomó un nuevo poder impresionante. Tercero, Dios envió una inundación del Espíritu Santo sobre toda la región. De repente, la gente China quienes eran tan indiferentes, ahora inundaban el Reino de Dios. Sus corazones fríos se derritieron ante la poderosa convicción del Espíritu de Dios. *¡Frecuentemente los misioneros eran despertados a media noche por gente bajo tanta convicción que no podían esperar hasta la mañana para ser salvos!* Muchos de estos misioneros fueron usados para extender el avivamiento a incontables miles alrededor del mundo.

¿Cómo trajo Dios este cambio glorioso en los misioneros y un avivamiento espiritual tan impresionante en toda la región? ¡Pasó de la misma manera como todo otro gran avivamiento! La gente de Dios fue genuinamente limpiada por medio de la confesión profunda y luego Dios los llenó con el poder que mueve montañas. Hermanos, éste es indudablemente el patrón de Dios para cada gran avivamiento y despertar espiritual en la historia. ¡Aún más, este es el *único* patrón para una genuina llenura espiritual y poder en su vida!

Amigo, ¿capta la enorme implicación del avivamiento de Shantung? Si estos misioneros totalmente dedicados no estaban verdaderamente llenos con el Espíritu de Dios y necesitaron una confesión minuciosa, ¿Cuánto más lo necesitamos nosotros? La verdad es triste, la mayoría de creyentes se han acostumbrado a vivir sin la llenura de Dios, actualmente se nos ha olvidado cómo es ser bíblicamente llenos del Espíritu Santo. El resultado típico es que febrilmente trabajamos para Dios, y aún tan poco pasa. ¡Y muy a menudo, lo que sí pasa, no dura! Oramos y oramos, y pocas oraciones son contestadas. ¿Por qué pasa esto? ¡Es porque fallamos en tomar un tiempo serio para dejar que Dios verdaderamente nos limpie y nos llene a diario!

Así que, ¿cuánto tiempo representa un adecuado período de limpieza y arrepentimiento? Poner un requerimiento rígido sería legalismo. Nuevamente, estamos hablando sobre una relación personal y su necesidad de limpieza naturalmente variará de día a día. Sin embargo, ciertamente debe esperar pasar más de un par de minutos cuando le pida a Dios que escudriñe su vida. Como regla práctica, he encontrado extremadamente importante examinar mi vida por categorías. En vez de tratar de escudriñar toda su vida en una sola pasada, considere cada categoría específica de pecado potencial. Sugiero un diario examen de su vida en cinco categorías básicas.

Cinco Categorías de Pecado Potencial

Primera Categoría: Pecados de Pensamientos y Actitudes

El pecado comienza en el mundo de nuestros pensamientos y actitudes espirituales. Jesús dijo, "Porque del corazón salen los malos pensamientos, los homicidios, los adulterios, la fornicación, los hurtos, los falsos testimonios, las blasfemias." (Mateo 15:19) En 2ª. Corintios 10:5, nos ordenan "llevar cautivo todo pensamiento a la obediencia a Cristo." Mientras examina su vida de pensamientos, debe hacerse las siguientes preguntas: ¿Hay pensamientos impuros o lujuriosos, pensamientos que están consumidos con búsquedas terrenales, pensamientos de ira y amargura, pensamientos sin amor, pensamientos de miedo y duda, actitudes de orgullo y prejuicio, actitudes de ser tibio hacia Dios, etc. Deténgase y piense cuidadosamente después de cada pregunta. Pídale a Dios que le revele cualquier patrón de actitud o pensamiento que es de pecado?. Inmediatamente confiese y abandone estos pensamientos del corazón.

Segunda Categoría: Pecados del Habla

La palabra de Dios es clara sobre la enorme importancia de nuestra forma de hablar. Mateo 12:36 — "*Mas yo os digo que de toda palabra ociosa que hablen los hombres, de ella darán cuenta en el día del juicio.*" Santiago 3:10 — "*De una misma boca proceden bendición y maldición. Hermanos míos, esto no debe ser así."* Aún algunos de los Diez Mandamientos relatan directamente cómo debemos de usar nuestras palabras. Deuteronomio 5:11 — *"No tomarás el de Jehová tu Dios en vano; porque Jehová no dará por inocente al que tome su nombre en vano."*

Algunos pecados potenciales del habla son los siguientes: Usando groserías o palabras profanas, chismes, calumnias, palabras poco amables o no amorosas a otros o sobre otros, palabras que son demasiado críticas, hablar palabras que son exageraciones o no son verdades, hablar cuando debe callar, etc. Sea específico en confesar sus pecados del habla. Sea sensitivo al hecho de que Dios le guiará a pedir perdón a personas a quienes ha herido con sus palabras.

Tercera Categoría: Pecados de Relación

Quizá el lugar donde más seguido perdemos la llenura de Dios es en nuestras relaciones. Los pecados de relaciones por lo general caen bajo cinco áreas mayores. En cada área, debe estar dispuesto a tomar acciones específicas de arrepentimiento. ¡Pero por la poderosa gracia de Dios, usted puede!

(1) ¿Puede pensar en personas a quienes haya herido u ofendido en alguna manera?

En Mateo 5:23-24, Jesús fue enfático sobre la importancia de estar bien con los que ha ofendido. *"Por tanto, si traes tu ofrenda al altar, y allí te acuerdes de que tu hermano tiene algo en contra ti, deja allí tu ofrenda delante del altar, y anda, reconcíliate primero con tu hermano, y entonces ven y presenta tu ofrenda."*

En otras palabras, Cristo estaba diciendo, "No te acerques a Dios hasta que primero te arregles con quienes has ofendido" Amigo, no estoy sugiriendo que esto es fácil, pero Cristo claramente dice que es absolutamente necesario. A muchos Cristianos les falta poder porque han ignorado este mandamiento fundamental.

Tome los siguientes momentos para considerar a quienes ha ofendido. Cuando Dios le revele personas a quien ha herido o desairado, decida ir a ellos y pedirles perdón. Pero, no trate de ir y defenderse o comenzar nuevamente la batalla. Simplemente vaya en simple humildad y amor. Aún más, no piense que ha fallado si ellos rehúsan perdonarlo. Su responsabilidad es hacer su parte de manera humilde y amorosa. Como ellos respondan es responsabilidad de ellos.

Tremendos milagros ocurren en familias cuando alguien humildemente está dispuesto a pedir perdón por una falta. Poderosos avivamientos en iglesias a menudo han comenzado con uno o dos miembros de iglesia verdaderamente arreglándose el uno con el otro. ¡Debemos entender que estos llamados "pequeños" distanciamientos entre cristianos pueden fácilmente apagar al Espíritu de Dios para la iglesia entera! Amigo, el Espíritu Santo es muy sensitivo y usted debe tomar seriamente sus relaciones.

(2) ¿Tiene amargura o guarda rencor en contra de personas quienes le han herido?

En Mateo 6:14-15, Jesús hizo una declaración de enorme importancia. *"Porque si perdonáis a los hombres sus ofensas, os perdonará también a vosotros vuestro Padre celestial; mas si no perdonáis a los hombres sus ofensas, tampoco vuestro padre os perdonará vuestra ofensas."*

Muchas oraciones no pasan del techo porque usted guarda resentimiento y amargura por dentro en contra de otra persona. De hecho, Jesús dice que debemos perdonar a las personas "de corazón." Mateo 18:35 — "*Así también mi Padre celestial hará con vosotros si no perdonáis de todo corazón cada uno a su hermano sus ofensas.*" Es común para las personas "decir" que han perdonado a alguien cuando en su corazón, verdaderamente no lo han hecho.

Muchas personas guardan amargura secreta en contra de amigos o familiares. En otros casos, puede ser hacia extraños que los han tratado mal. Especialmente hoy, los creyentes deben estar al tanto que podemos desarrollar amargura hacia políticos, religiosos, activistas sociales, y artistas quienes atacan nuestros valores. Sin duda, siempre debemos tomar posiciones firmes por la verdad, pero nunca debemos albergar odio en contra de quienes nos atacan. Nunca debemos dejar de odiar el pecado, pero siempre debemos amar al pecador. Pídale a Dios que escudriñe su corazón y le revele cualquier patrón de amargura o de no perdonar.

También es posible guardar amargura secreta contra Dios. Algunas personas privadamente tienen resentimiento por el hecho de que Dios permitió alguna tragedia personal o no contestó una oración urgente. Otros guardan amargura porque Dios bendice a otros en maneras en que no los ha bendecido a ellos. Muchos cristianos se han enfriado en su servicio y adoración porque están dolidos o decepcionados.

Preguntas para reflexionar: ¿Hay alguien o alguna situación por la cual usted guarda la más mínima amargura o resentimiento? ¿Ha estado resentido con Dios por permitir algunas situaciones dolorosas en su vida? ¿Se ha "enfriado con Dios porque Él lo decepcionó en alguna manera? Sea honesto con usted mismo y plenamente confiese estos pecados. Tome una decisión definida de no guardar amargura contra nadie. Y recuerde, el perdón es una elección, no un sentimiento.

(3) ¿Está involucrado en alguna relación indebida?

Una relación indebida puede ser desde adulterio y fornicación hasta simplemente estar indebidamente cercano a alguien. Por ejemplo, una persona joven puede estar emocionalmente envuelta con alguien muy mayor o viceversa. Un esposo puede estar muy emocionalmente cerca de una amiga o compañera de trabajo. Esposos y esposas pueden estar compartiendo cosas con otros que sólo deben estar compartiendo con su pareja. Esposos/as pueden pasar mucho tiempo con amigos y descuidar su pareja de matrimonio. Padres pueden estar muy envueltos en las vidas de sus hijos casados o hijos casados muy dependientes de sus padres.

Puede estar involucrado con alguien y mientras que dice "solo somos amigos," sabe que ha llegado a ser más que una amistad. No trate de racionalizar o defender una relación que sabe que es indebida. Inevitablemente abre la puerta a Satanás y le guía a profunda esclavitud.

Relaciones indebidas involucran muchas cosas además de inmoralidad física. Porque es tan fácil racionalizar, éste pecado ha llegado a ser frecuente entre cristianos. Es la tierra en la cual adulterio y fornicación a menudo crecen. Pídale a Dios que le revele cuál relación o relaciones tiene que sean indebidas o estén fuera de balance. Es vital que usted pare ahora antes de que se empeore. Sea honesto con Dios y consigo mismo. ¡Y no se desespere, Dios le dará fuerzas para cambiar!

(4) ¿Descuida el compañerismo y el servicio significativo por medio de su iglesia?

De acuerdo a Hebreos 10:25, es un pecado serio descuidar el compañerismo regular y adoración con el cuerpo de Cristo. *"No dejemos de congregarnos, como algunos tienen por costumbre, sino exhortándonos; y tanto más, cuanto veis que aquel día se acerca."*

Dios enfatiza fuertemente la importancia de mantenerse cercanamente conectado al cuerpo local de creyentes. De acuerdo a 1ª. Corintios 12-14, todos los creyentes deben mantenerse en compañerismo genuino y una relación cercana con la congregación local.

¡Dios no tiene la intención de que nadie sea un "vaquero solitario" o un "aislacionista"! En nuestros días de egoísmo e individualismo, a muchas personas les gusta unirse a una iglesia grande para que puedan perderse en la multitud. Vienen y reciben bendiciones, pero van a sus hogares sin ningún compañerismo real o acercamiento con otros creyentes. (¡Y esa es exactamente la manera en que lo quieren!) Tal patrón es totalmente no bíblico e intrínsecamente egoísta.

Aun, otros buscan una iglesia que los "bendecirá" sin pedir cómo puede servir o qué dar a cambio. Muchas personas egoístamente van de compras por una iglesia como van de compras por un club de salud. ¡Quieren la que tenga la mayoría de beneficios y el menor costo! Iglesias en áreas crecientes usualmente tienen mucha gente, mientras que iglesias en áreas difíciles (donde el ministerio es tan necesitado) a menudo no tienen trabajadores Cristianos.

Hoy parece ser que muchos quieren sentarse y ser servidos pero pocos quieren pararse a servir. En buscar una iglesia, nuestra oración no debe ser "Qué puede hacer esta iglesia por mí, ¿sino qué puedo hacer yo por esta iglesia?" Es un pecado serio no estar involucrado en dar y servir consistentemente por medio de un cuerpo de creyentes local. Obviamente este principio no aplica a los que están confinados en casa o seriamente enfermos. También hay excepciones en el caso de aquellos quienes son llamados a ministerios itinerantes. (¡Y, aún también ellos necesitan una iglesia de hogar definida!)

Otra forma común de este pecado es la tendencia de ir de iglesia en iglesia. Ese tipo de personas a menudo llegan a ser visitantes permanentes. Haciendo esto, estos creyentes nunca forman relaciones profundas bíblicas de compañerismo con otros cristianos. Ellos también evitan la responsabilidad personal y el servicio espiritual para el bien de la Iglesia de Cristo. Como resultado, nunca pueden crecer espiritualmente o estar verdaderamente bien con Dios. Desafortunadamente, Satanás a menudo engaña a estas personas, haciéndoles creer que de alguna manera están cumpliendo su responsabilidad al Cuerpo de Cristo. Pídale a Dios que escudriñe su vida y le revele las maneras en que está descuidando el compañerismo consistente y el servicio substancial en el cuerpo de Cristo local.

Preguntas para reflexionar: ¿Es usted un espectador en vez de un participante en la obra de Dios? ¿Consistentemente recibe pero casi nunca da? ¿Se ha convertido en un visitante permanente quien nunca se conecta y sirve a Dios? ¡Amigo, si quiere estar bien con Dios, debe decidir abrazar una iglesia y trabajar! Resuelva ahora inmediatamente obedecer a Dios en pleno compromiso al cuerpo de creyentes local.

(5) ¿Son sus relaciones familiares consistentes con la Palabra de Dios?

Relaciones indebidas entre la iglesia y la familia son los lugares comunes donde perdemos la llenura y el poder del Espíritu de Dios. "Nadie que está mal con otros puede estar bien con Dios." Las siguientes escrituras revelan la línea de Dios justamente para esposos, esposas e hijos.

La palabra especial de Dios para esposos y padres — Efesios 5:23 — *"Porque el marido es cabeza de la mujer, así como Cristo es cabeza de la iglesia, la cual es su cuerpo, y él es su Salvador."*

De este versículo vemos que Dios llama al esposo a ser la cabeza espiritual del hogar. Él es responsable de dar orientación y cuidado espiritual. Cada esposo y padre tiene una responsabilidad especial hacia Dios y hacia su familia.

Efesios 5:25 — "*Maridos, amad a vuestras mujeres, así como Cristo amó a la iglesia, y se entregó así mismo por ella.*"

El esposo está ordenado a amar a su esposa con un poderoso amor sacrificial. Él ha de literalmente sacrificarse a sí mismo para llenar las necesidades de su esposa. El esposo ha de "darse a sí mismo" para llenar las necesidades físicas, emocionales y espirituales de su esposa. En toda manera, él debe tomar las necesidades y bienestar de su esposa sobre las de él.

1ª. Pedro 3:7 — "*Vosotros, maridos, igualmente, vivid con ellas sabiamente, dando honor a la mujer como a vaso más frágil, y como a coherederas de la gracia de la vida, para que vuestras oraciones no tengan estorbo.*"

El esposo es ordenado a ser cuidadoso y sensitivo a las necesidades de su esposa. La actitud no cuidadosa e insensible hacia su esposa inevitablemente dificultará su habilidad de orar. (1ª. Pedro 3:7) Un esposo piadoso literalmente estudiará las necesidades únicas y deseos de su esposa. Esto incluye necesidades físicas, emocionales, mentales, económicas, y espirituales.

Efesios 6:4 — "*Y vosotros, padres, no provoquéis a ira a vuestros hijos, sino criadlos en disciplina y amonestación del Señor.*"

El padre es ordenado a relacionarse con sus hijos en orientación espiritual amorosa, no en enojo o ira. La disciplina debe ser tomada con consistencia y amor. La gran prioridad del padre es el cuidado espiritual y entrenamiento de su familia. Es ciertamente importante, pero la provisión económica no es de ningún modo la responsabilidad principal del padre.

Preguntas para reflexionar: Esposo, ¿ha tomado la responsabilidad de guiar a su familia en tiempos devocionales y oración? ¿Establece usted un ambiente amoroso de cuidado y entrenamiento espiritual? ¿Pone las necesidades y deseos de su esposa antes de las suyas? ¿Estudia para entender y llenar las necesidades emocionales únicas de su esposa? ¿Ha hecho uso de los excelentes libros y videos de hoy sobre el matrimonio? ¿Está proveyendo orientación sabia en la economía y administración para la seguridad de su familia? ¿Disciplina a sus hijos con consistencia y amor? ¿Habla con sus hijos sobre valores espirituales consistentemente? Un breve devocional a solas nunca puede remplazar el valor consistente de "hablar" con sus hijos sobre temas diarios de la vida.

¡Que ningún esposo se desespere! Si honestamente confiesa sus fallas, Dios le dará gracia poderosa para cambiar. Hoy día hay muchos libros buenos y recursos para ayudarle. No se abrume. Aunque se sienta inepto, Dios bendecirá aún esos pequeños pasos para alcanzar su responsabilidad espiritual. ¡Esposo, usted puede ver un milagro en su vida!

La palabra especial de Dios para las esposas — Efesios 5:24, 33 - *"Así que, como la iglesia está sujeta a Cristo, así también las casadas lo estén a sus maridos en todo....y que la esposa respete a su marido."*

La sumisión de la esposa no significa que el esposo puede ser un amo severo o jefe sobre ella. Son compañeros iguales en la gracia de Cristo. Más bien, su sumisión es la dispuesta y amorosa sumisión vista con Cristo y Su Iglesia. De éste modo, una esposa piadosa demuestra un bello espíritu de humildad, amor, y honor hacia su esposo. Ella ha de tener un espíritu "suave y apacible".

1 Pedro 3:3-4 — *"Vuestro atavió no sea el externo de peinados ostentosos, de adornos de oro o de vestidos lujosos, sino el interno, el del corazón, en el incorruptible ornato de su espíritu afable y apacible, que es de grande estima delante de Dios."*

Preguntas para reflexionar: Esposas, ¿alguna vez tratan a sus esposos con deshonor e irrespeto? ¿A menudo señala sus debilidades y faltas? ¿Pacientemente lo perdona y lo trata amablemente a pesar de sus defectos? ¿Ignora sus necesidades y deseos? ¿Ha llegado a descuidar su salud y apariencia? ¿Tiene usted un espíritu de rebelión hacia él? ¿Ha hecho todo lo posible para alinear su actitud con el patrón que Dios le ha dado en las Escrituras? ¿Es su actitud una actitud de agradecimiento y amor, o de quejas y enojo?

La mejor manera para ver a Dios cambiar a sus esposos es ponerse a sí misma bajo el patrón de Dios como una esposa piadosa. Esposas no se den por vencidas con sus esposos o con ustedes mismas. No se excusen diciendo, "Yo simplemente no tengo una personalidad suave y apacible." ¡Si honestamente se rinde al patrón de Dios, verá un milagro en su hogar!

La palabra especial de Dios para los padres — Mateo 18:6 — *"Y cualquiera que haga tropezar a alguno de estos pequeños que creen en mí, mejor le fuera que se colgase al cuello una piedra de molino de asno, y que se le hundiese en lo profundo del mar."*

Porque los hijos son increíblemente perspicaces, ellos usualmente aprenden más de lo que los padres hacen que de lo que dicen. A menudo sin aún darse cuenta, los padres están modelando valores y hábitos que tienen efectos trágicos en el desarrollo de sus hijos. Criar al hijo en el camino que debe ir, es más sobre ejemplos diarios, que ocasionalmente compartiendo palabras religiosas.

Preguntas para reflexionar: Padres, ¿modelan entusiasmo y gozo sobre adorar a Dios? ¿Consistentemente expresan amor por la iglesia de Cristo o una actitud negativa de quejas? Si sus hijos están expresando una actitud negativa hacia Dios y Su iglesia, puede ser que tengan que echar un serio vistazo a las actitudes que actualmente modelan para ellos.

¿Padres, se comunican amorosamente y consistentemente? ¿Toman tiempo para hablar con sus hijos consistentemente? ¿Verdaderamente escuchan cuando sus hijos les hablan? ¿Responden con amor y entendimiento o rápidamente se enojan? Si sus hijos se están alejando de ustedes, pídanle a Dios que les revele maneras en que ustedes lo han causado.

Padres, ¿modelan pureza moral sobre las cosas que hablan? ¿Han demostrado santidad por las cosas que ven o leen? ¿Han comunicado consistentemente a sus hijos los estándares de Dios con respecto al sexo y el matrimonio? ¿Se comunican en manera que revela entendimiento sobre sus tentaciones y luchas? ¿Han sido accesibles y amorosos? Si sus hijos están yendo hacia la inmoralidad, pídanle a Dios si hay maneras en que ustedes deben examinar sus ejemplos. Si ellos no hablan con ustedes, Pregúntenle a Dios si ustedes han contribuido a la barrera.

Padres, ¿consistentemente modelan honestidad y respeto hacia otros? ¿Rompen las leyes de velocidad o hacen trampas en los impuestos? ¿Han demostrado su habilidad de fácilmente admitir sus pecados o presentan excusas? Si sus hijos están demostrando tendencias hacia hacer trampa o mentir, ustedes deben examinar seriamente sus propios ejemplos.

Padres, de ninguna manera sugiero que los problemas de los hijos son automáticamente un resultado de falla de los padres. De hecho, Satanás a menudo amontona culpa falsa en los padres. Sin embargo, los padres encaran el impresionante poder de ejemplo. Que Dios dé a los padres la honestidad para confesar plenamente maneras en las cuales los hijos han sido maltratados por actitudes o por ejemplo. En muchos casos, los padres tendrán que pedir perdón a sus hijos (aún hijos mayores o adultos). Tal honestidad amorosa tendrá un enorme efecto de sanidad en las relaciones tensas de padre e hijo. Algunas de las preguntas anteriores fueron sacadas con permiso de "A Christian Parent's Checklist" Por Sheila Jones (correo electrónico SJonesAZ@aol.com)

La palabra especial de Dios para niños y jóvenes — Efesios 6:1-3 — *"Hijos, obedeced en el Señor a vuestros padres, porque esto es justo. Honra a tu padre y a tu madre, que es el primer mandamiento con promesa; para que te vaya bien, y seas de larga vida sobre la tierra."*

La ley del Antiguo Testamento pronunciaba castigo severo a hijos quienes maldecían y deshonraban a un padre. Los niños de ahora deben aprender la extrema importancia de honrar a sus padres. La sociedad insensata y perversa de hoy, ha invertido completamente el principio de honrar a los nuestros padres.

Preguntas para reflexionar: Niños o jóvenes, ¿desobedecen a sus padres? ¿A menudo ignoran su orientación? ¿Has tratado a tus padres con falta de respeto o ira? La falta de respeto hacia padres es un pecado muy serio ante Dios. Jóvenes, no pueden estar bien con Dios, si consistentemente les faltan al respeto a sus padres.

Como adultos, también debemos preguntar si estamos honrando a nuestros padres mayores. ¿Descuida llamar y visitar a sus padres ancianos? ¿Descuida a su padre o madre al fallar en no darles tiempo y atención consistente? ¿Los está descuidando emocionalmente o económicamente? ¿Falla en ayudarles con necesidades del hogar? ¿Existen palabras fuertes no resueltas o sentimientos entre usted y sus padres? ¿Ha buscado verdaderamente arreglar la situación? ¡Recuerde, nadie quien maltrata o descuida a un padre puede estar plenamente bien con Dios!

Cuarta Categoría: Pecados de Comisión y Transgresión

En sentido amplio, estos son pecados de *hacer* algo malo o *quebrantar* las leyes de Dios. Ejemplos de tales pecados son: adulterio, fornicación, robo, o deshonestidad, asaltar a alguien, ir a lugares pecaminosos, viendo películas clasificadas para adultos, hábitos destructivos (como fumar, tomar, sobre comer o comer comidas no saludables), leyendo literatura impura, poner cosas recreativas o materiales antes que a Dios, idolatría, deshonestidad financiera, estafando a empleados, etc.

Si es honesto con Dios, Él le revelará cosas que Él quiere cambiar. Pídale a Dios que le revele cualquier cosa en su vida que pueda ser ofensiva para Él, y no tenga miedo de admitir sus pecados. ¡La gracia de Dios los cubrirá todos! (1ª. Juan 1:9, *"Si confesamos nuestros pecados, Él es fiel y justo para perdonarnos y limpiarnos de toda maldad."*)

Quinta Categoría: Pecados de Omisión

Pecados de omisión son la falla en obedecer los mandamientos de Cristo o conformar nuestro carácter a Su imagen. Este pecado es mencionado en Santiago 4:17 — *"Y al que saber hacer lo bueno, y no lo hace, le es pecado."* Algunos ejemplos de pecados de omisión son: descuidar la lectura bíblica y oración, falla de testificar, falla de dar diezmos, descuidar la adoración habitual, rehusarse en usar sus dones espirituales en la iglesia local, etc.

Cuando confiese sus pecados de omisión, esté seguro de dar pasos concretos para corregirlos. La confesión no es genuina, hasta que tome el compromiso de abandonar el pecado. (Proverbios 28:13 — *"El que encumbre sus pecados no prosperara; más el que los confiesa y se aparta alcanzara misericordia."*)

Las cinco categorías de confesión en este capítulo son bastante breves y generales. Como paralelo a este libro, fuertemente sugiero el recurso *Returning to Holiness: "A Personal and Church-wide Journey to Revival."* *Returning to Holiness* De Regreso a la Santidad, lleva al lector por medio de un viaje de limpieza completa con Dios. Es completamente centrado en la Biblia y ayuda a los creyentes a experimentar un arrepentimiento profundo y la victoria completa sobre el pecado. (Para información contacte a Dr. Frizzell en la dirección en el frente de este libro.)

Una Palabra Final Sobre la Confesión

Me puedo imaginar que algunos lectores, pueda que estén un poco abrumados sobre la confesión. ¡Puede estar pensando! ¡Si tengo que pasar por todo esto cada vez que oro, lo veo difícil! Estimado amigo, por favor no se desanime. No estoy sugiriendo que debe meticulosamente pasar por todas las categorías cada vez que ora, pero por lo menos debe estar al tanto de las categorías y escrituras claves. Pueda que simplemente le quiera preguntar a Dios si hay pecado en cada categoría y luego calladamente reflexionar por algún momento. Si nada es revelado, entonces pase a la próxima categoría. Sobre todo, busque ser espontáneo y sensitivo al Espíritu de Dios. ¡Recuerde, esto es una *relación* personal con Dios, no una fórmula!

Sí, le advierto de un peligro potencial. Tenga cuidado de evitar la confesión que no le guía a un arrepentimiento inmediato. Cuando usted llega a estar al tanto del pecado, asegúrese de tomar acción para removerlo. A veces, puede que necesite el consejo de un pastor o compañero de oración para que le ayuden a vencerlo. ¡La confesión verdadera debe involucrar el arrepentimiento, o no es genuina! El pecado debe ser confesado y *abandonado*. (Proverbios 28:13)

El tiempo diario de confesión, es la manera principal en la que Dios lo moldea a la imagen de Cristo. Es en este tiempo que Dios lo corrige y lo transforma en crecimiento espiritual. La confesión basada en las Escrituras y el arrepentimiento, son los métodos principales de Dios para transformarle, por medio de la renovación de su mente. (Romanos 12:1-2; 2ª. Timoteo 3:16) La prioridad de Dios en la vida de cada creyente es hacerlo santo y santificado en cuerpo, alma, y espíritu. (Romanos 8:29) Como esa es su más alta prioridad y la clave para su crecimiento, ¿entonces cómo piensa que usted puede descuidar la confesión y la limpieza regular?

Hasta ahora, estoy seguro que ve aún más, porque usted debe pasar tiempo significativo en oración regular. *¡Nadie va a desarrollar una a y balanceada vida de oración poderosa, en oraciones de dos o tres minutos de tiempo!* Y nadie puede mantenerse verdaderamente limpio y lleno del Espíritu de Dios sin pasar tiempo consistente en plena confesión. Sí, involucra un compromiso de tiempo y enfoque. ¡Pero creyente, usted lo puede hacer y los resultados valdrán un millón de veces la pena! En el próximo capítulo usted descubrirá cómo hacer oraciones poderosas de petición personal.

Preguntas para Discusión y Reflexión

1. ¿Cómo piensa que Dios nos "corrige" y "ajusta" durante los tiempos de confesión y limpieza?

2. ¿Por qué es peligroso para creyentes, simplemente "asumir" que están limpios, sin tiempos frecuentes de exanimación? (Jeremías 17:9)

3. Si los misioneros dedicados de Shantung, China necesitaban limpieza profunda y llenura, ¿qué implicación tiene esto para nosotros?

4. ¿Qué sucede si tratamos de apurar nuestro tiempo de limpieza?

5. Haga una Lista, y brevemente describa las cinco categorías de pecados potenciales. ¿Por qué piensa que es importante usar una completa guía bíblica de limpieza?

Oraciones para Crecimiento Diario

❖ Padre, abre mis ojos al pecado para que sea plenamente conformado a la imagen de Cristo. (Romanos 8:29 Señor, corrígeme para que pueda caminar en plena libertad con Cristo. (Juan 8:34; Romanos 6:6, 14)

❖ Lávame Oh Dios, para que pueda ser limpio y puro. Refina mi corazón en la belleza de la santidad. (Salmos 51:7; Proverbios 17:3)

❖ Dios, ayúdame a ser cuidadoso en dejarte "escudriñar" todas las categorías de mi vida. Crea en mí el deseo apasionado para la rectitud. (Mateo 5:6) Ayúdame a buscar la Santidad por medio de Cristo quien vive dentro de mi corazón. (Hebreos 12:14)

Capítulo Seis

Fase Tres: Cómo Hacer Oraciones Dinámicas de Petición

Ahora venimos al tipo de oración que se nos hace más fácil a todos. La "oración de petición" es como usted trae su lista de necesidades y de lo que queremos a Dios. Yo quiero exponer que definitivamente no hay nada malo o egoísta acerca de traer sus deseos y necesidades a Dios. Nuestro Padre anhela dar a sus hijos los deseos de sus corazones. Salmo 37:4 — "*Deléitate asimismo en Jehová, y Él te concederá las peticiones de tu corazón.*" En realidad, nuestro Dios es un padre bueno y misericordioso quien ama darle buenas cosas a los suyos. Mateo 7:11 — "*Pues si vosotros, siendo malos, sabéis dar buenas dádivas a vuestros hijos, ¿Cuánto más vuestro Padre que está en los cielos dará buenas cosas a los que le pidan?*"

De hecho, una mayor señal de intimidad con Dios es la libertad de decirle cada deseo y necesidad de su corazón. Si usted tiene una relación cercana, usted es capaz de hablar con Dios como su amigo más querido. (Después de todo, Él es su amigo más querido.) Compartir honestamente expresa una cercanía y dependencia, que es muy agradable a Dios.

Sin embargo, hay puntos cruciales a recordar acerca de la oración de petición. Los creyentes modernos, necesitan desesperadamente aprender a hacer peticiones que tienen base bíblica, y están centradas en la voluntad de Dios. En realidad, ese es nuestro primer objetivo en este capítulo. ¿Y qué tipo de peticiones deberían componer su vida de oración personal? Como muchos creyentes, las peticiones se enfocan mayormente en necesidades personales. Algunos ejemplos comunes son: problemas físicos, necesidades emocionales generales, deseos personales, asuntos financieros o de trabajo, necesidades de la escuela, problemas con relaciones, etc. En realidad es perfectamente apropiado traer todos estos asuntos a Dios. Sin embargo, cada creyente necesita madurar, al punto donde las peticiones personales además reflejen las prioridades más importantes de Dios. Nosotros necesitamos desesperadamente entender la diferencia entre peticiones de oración que son temporales, y aquellas que son eternas, y orientadas hacia el Reino.

Los pedidos temporales principalmente se relacionan con las necesidades y asuntos terrenales. Algunos ejemplos son: un mejor trabajo, un carro nuevo, una sanidad física, etc. Obviamente estas peticiones son importantes y tienen un lugar legítimo en nuestra vida de oración, sin embargo, "las peticiones del Reino" son aquellas cuyo énfasis está en los asuntos eternos. Algunos ejemplos son: su crecimiento personal en el fruto del Espíritu Santo, resistir la tentación, derribando fortalezas espirituales, el crecimiento de su ministerio, llevando personas a Cristo, avivamiento en su iglesia, ciudad o nación, etc. Obviamente, el corazón de Dios está más enfocado en los asuntos que son eternos en naturaleza.

Puesto que las prioridades de Dios son en lo eterno, ¿no deberían nuestras peticiones personales reflejar esta misma prioridad? Aún, si los creyentes modernos son honestos, la inmensa mayoría de peticiones involucran necesidades físicas y temporales. Desafortunadamente, ese es exactamente el modelo opuesto a lo que Dios desea para las peticiones de Su hijos. *Desarrollar una vida balanceada de oración significa permitirle a Dios "reordenar y ampliar" sus peticiones personales que reflejen las prioridades del Reino.* En el párrafo de abajo, vamos a examinar un enfoque de peticiones personales efectivas.

Tres Pasos a una Petición de Oración Poderosa

1. **Ore regularmente a través de cada fruto del Espíritu Santo y pídale a Dios desarrollar la imagen y santidad de Cristo en usted.**

Nunca olvide que la principal prioridad de Dios para su vida es el desarrollo del carácter y santidad de Cristo en su vida. (Romanos 8:29) Por eso, su petición personal se debe relacionar con el desarrollo de Su imagen en su vida. ¿Pero cómo es la imagen de Cristo, y cómo se parece en la vida de una persona? Yo creo que Gálatas 5:22-23 contiene uno de los más concisos y perfectos retratos en toda la Escritura. *"Mas el fruto del Espíritu es amor, gozo, paz, paciencia, benignidad, bondad, fe, mansedumbre, templanza."*

Usted no podría posiblemente orar más en la voluntad de Dios, que orar por cada fruto espiritual para su vida diaria. Como usted ora por cada elemento del fruto del Espíritu Santo, usted está orando para que la imagen exacta de Cristo sea formada en su vida. En 1981, Dios me guio a comenzar a orar a través de los nueve frutos del Espíritu, y esto impactó mi vida espiritual.

Muchos creyentes oran en términos muy generales. Nosotros pedimos en oración cosas como "Señor ayúdame a ser un mejor cristiano" o, "Señor ayúdame a crecer y ser mejor. ¿Pero realmente qué significan estas peticiones? Son tan generales que tienen poco enfoque y por consiguiente poco poder. De otra manera, el fruto del Espíritu Santo es bien específico y proveen peticiones bíblicas para un poderoso crecimiento espiritual.

En la medida que usted ora a través de cada fruto del Espíritu, descubrirá que este proceso se convierte además en una oportunidad para que Dios examine y limpie su vida. Con cada fruto, usted no solo le pide a Dios que lo llene con esa característica, sino que además le pide a Dios que le revele cómo usted no está viviendo ese fruto en particular. La siguiente ilustración le mostrará cómo comenzar con el particular elemento del fruto: amor.

Ejemplos de cómo Orará Diariamente el Fruto del Espíritu

Oraciones por amor: *Padre yo te pido que me llenes con un amor profundo por Ti.* (Romanos 5:8) *Concédeme que mi amor sea apasionado y no tibio.* (Apocalipsis 3:15) *Por favor lléname con tu amor poderoso por las cosas que ayudan al crecimiento de tu Reino.* (Mateo 6:33) *Dótame con un amor por las almas y una pasión para crecer tu iglesia. Lléname con un amor ferviente para servirte. Bautízame con un amor compasionado por mi familia y por todos los que yo encuentro cada día. Dios, por el poder de Tu Espíritu, por favor llena mi corazón con Tu amor poderoso.*

¿Cree usted que Dios respondería las oraciones que acabo de describir? Por supuesto que Él lo haría. ¿Y por qué Él respondería tales oraciones? Él contestará porque usted está orando su palabra y usted está orando en el centro absoluto de Su voluntad. Peticiones bíblicas específicas son infinitamente más poderosas que las peticiones generales tales como, "Señor ayúdame a ser un mejor cristiano."

Otra gran ventaja de orar el fruto del Espíritu Santo es el hecho que Dios usa tales palabras de carácter, para inmediatamente convencer y corregir a Sus hijos. Típicamente cuando yo oro a través de cada elemento del fruto, yo me detengo y le pido a Dios que me muestre cómo yo no estoy viviendo ese fruto del Espíritu.

Otra vez vamos a usar la palabra "amor" como un ejemplo.

¿Señor, dónde estoy fallando en amarte con todo mi corazón, alma, mente y fuerzas? ¿Cómo he puesto cosas delante de Ti en mi tiempo, mis pensamientos, o mis energías? ¿Representan mis oraciones, mi servicio o mi adoración un amor apasionado,

o una actitud tibia? ¿Señor cómo he fallado en tener amor y pasión por las almas perdidas? ¿He expresado amor hacia mi familia o he sido indiferente? ¿Cómo necesito cambiar?

¿Comienza usted a ver cómo Dios puede usar el fruto del Espíritu Santo para guiar sus peticiones y limpieza personal? Querido lector, Yo le garantizo, que si usted le pide a Dios que lo examine en cada fruto del Espíritu, usted oirá su voz, y Dios realizará una limpieza profunda en su vida. Este tipo de oración es la esencia del discipulado y crecimiento espiritual. Este tipo de oración es el corazón en la búsqueda de la santidad de Dios. (Hebreos 12:14)

En la ilustración anterior, yo le he mostrado cómo puede orar, para que el amor de Dios inunde su vida. Nosotros hemos visto también, cómo Dios puede usar una palabra para examinar su vida. Exactamente de la misma manera cada elemento del fruto podría ser usado como una guía poderosa orando por su propio crecimiento espiritual. Absolutamente nada ha impactado mi vida, como esta simple práctica.

Yo quiero definitivamente decir que usted no necesita orar a través de todos los nueve Frutos cada día. Aunque es posible hacerlo, usted puede enfocarse en uno o dos frutos cada día. El modelo exacto puede variar. *La cosa importante es que usted traiga sus peticiones personales, a un énfasis más grande en santidad personal, en lugar de orar solamente por las necesidades temporales.* En la medida que usted ora a través de cada fruto, Dios no solo responde, sino que Él le limpia y le corrige cuando usted se detiene a considerar cada característica. Listados abajo, encontrará ejemplos breves por los otros ocho frutos espirituales.

Muestras de Oraciones por Cada Fruto

Gozo- Señor, Yo creo que Tú me llenaste con un gozo sobrenatural, que es inexplicable y lleno de gloria (1ª. Pedro 1:8) Muéstrame cómo yo he fallado en regocijarme y alabarte siempre. (Filipenses 4:4)

Paz- Señor, yo creo que Tú me llenaste con Tú perfecta paz que sobrepasa todo entendimiento, y guarda mi corazón y mi mente. (Filipenses 4:6-8) ¿Muéstrame como estoy decidiendo preocuparme en lugar de confiar en Ti?

Paciencia- Señor, yo creo que Tú me llenaste con la poderosa habilidad de esperar en Ti, y soportar las pruebas con calma. ¿De qué manera he sido yo impaciente o me he quejado?

Amabilidad- Señor, yo confío que Tú me llenaste con una actitud graciosa y bondadosa hacia otros. Muéstrame cómo yo he sido duro y poco amable con otros.

Bondad- Señor, yo creo que Tú me llenaste con una actitud generosa, que está siempre buscando ayudar a otros. Por favor, muéstrame cómo yo he sido egoísta e indiferente ante las necesidades de otros.

Fe- Señor. Yo confío que Tú me llenaste con una fe poderosa que mueve montañas. Lléname con firmeza y seguridad. Señor, muéstrame como yo he dudado de Ti.

Mansedumbre- Señor, lléname con Mansedumbre genuina, que aprenda a ser humilde, con quebrantamiento y arrepentimiento, y un espíritu de obediencia. Muéstrame cómo he sido orgulloso, arrogante o rebelde.

Dominio Propio- Señor, por favor lléname con dominio propio y disciplina. Por favor muéstrame cómo he sido indisciplinado, descuidado o débil en cualquier área de mi vida.

2. **Orar regularmente a través de las Bienaventuranzas y pedirle a Dios ayuda para cumplir con estas características de Dios.** (Mateo 5:1-10)

Yo le sugiero que estudie cada uno de los rasgos característicos resumidos en las Bienaventuranzas de Cristo. Con cada bienaventuranza usted puede seguir el mismo patrón que fue establecido para el fruto del Espíritu. Cada rasgo característico se convierte en una oración específica, y un punto de evaluación personal para su vida. Cuando usted ore para que Cristo lo llene de estas características, usted está seguro que está orando en el centro de Su voluntad para su vida.

Orar en el centro de la voluntad de Dios nos da una gran seguridad por la promesa de 1ª. Juan 5:14-15 — *"Y esta es la confianza que tenemos en Él, que si pedimos alguna cosa conforme a su voluntad, Él nos oye. Y si sabemos que Él nos oye en cualquiera cosa que pidamos, sabemos que tenemos las peticiones que le hayamos hecho."* Tú no puedes ir mal orando la Palabra de Dios para tu propia vida. Una vez más yo insisto que tú no puedes ser guiado a orar todas las Bienaventuranzas diariamente. Permite que Dios te guíe a establecer tu modelo único de oración.

3. **Orar regularmente a través de otras palabras que se encuentran en la Biblia.**

En la medida que Dios me ha guiado en la oración personal, Él me ha dado varias palabras bíblicas en las cuales enfoco mis oraciones y reflexión. Ejemplos de estas palabras claves son: (a) La unción, poder y llenura del Espíritu Santo, (b) humildad genuina y quebrantamiento, (c) celo espiritual y diligencia, (d) sabiduría y discernimiento, (e) inmovilidad, f) firmeza, (g) serenidad espiritual, h) pasión espiritual y fervor, (i) espíritu de genuina adoración, (j) motivos puros, (k) una mente ágil, (l) un espíritu de revelación y entendimiento, (m) Audacia y autoridad espiritual, (n) protección espiritual del pecado, nosotros mismos, Satanás y el mundo.

Cuando usted lee las Escrituras y pasa tiempo significativo con Dios, Él le revelará varias palabras bíblicas para usar en sus peticiones personales. Una vez más, esto no debe convertirse en una memorización o una lista mecánica. Si usted es sensible al Espíritu de Dios, Él le guiará a ajustarse y enfocarse día a día.

Una Palabra Final Sobre la Petición

Los cristianos modernos necesitan desesperadamente crecer en sus oraciones de peticiones. Porque muchos están haciendo oraciones personales que son mayormente temporales, y tienen muy poco que ver con los asuntos eternos. Nosotros frecuentemente tratamos a Dios más como un catálogo de deseos navideños, en lugar del Dios Soberano que desea hacernos a la imagen de Cristo. Recuerda, su verdadero crecimiento espiritual y servicio no excederá la profundidad de sus peticiones personales. Si sus peticiones personales son breves, no específicas y temporales, su crecimiento espiritual será limitado.

La mayoría de los creyentes están haciendo peticiones que son muy generales. Nosotros nunca debemos olvidar la importancia de las oraciones específicas. Hasta que las oraciones sean bíblicas y específicas, ellas tienen poco poder con Dios. Mi amigo, si tú le permites a Dios hacer tus peticiones específicas y en línea con Su voluntad, experimentará crecimiento como no se lo puede imaginar. (1ª. Juan 5:14-15) A este punto Yo quiero animar a cada lector. No se desanime o se sienta abrumado por lo que ha leído. Dios le guiará a la madurez orando y el Espíritu Santo es un excelente maestro. Todo lo que tiene que hacer es familiarizarse con estos principios básicos de oración y darle a Dios un tiempo significativo en oración diaria. Él hará el resto. Yo confío en que estés claro en que nunca experimentarás las profundidades de Cristo si solo oras dos o tres minutos diarios. En el próximo capítulo, usted descubrirá cómo cualquier creyente puede convertirse en un poderoso intercesor.

Preguntas para Discusión y Reflexión

1. En sus propias palabras, describa la diferencia entre oraciones de petición temporal y oraciones orientadas hacia el Reino de Dios o eternas.

2. ¿Por qué usted piensa que las oraciones eternas, orientadas hacia el Reino de Dios tienen mayor impacto que las oraciones temporales?

3. ¿De qué manera orando a través del fruto del Espíritu Santo, lo ajusta a la imagen de Cristo?

4. ¿Por qué orando la palabra de Dios, es más importante que orar por las necesidades y comodidades terrenales?

Oraciones para Crecimiento Diario

❖ Padre, ayúdame a orar de acuerdo a Tu prioridad de santidad en mi vida diaria. Límpiame y transfórmame por el lavamiento del agua por la Palabra. (Efesios 5:26)

❖ Dios, incúlcame el fruto del Espíritu y las Bienaventuranzas en todo mi corazón. Revélame muchas Escrituras para clamar por santidad personal y transformación. Ayúdame a guardar Tus palabras en mi corazón para no pecar contra Ti.

Capítulo Siete

Etapa Cuatro: Intercesión Poderosa

Ahora llegamos a la más poderosa y aún menos practicada de los tipos básicos de la oración. La Intercesión es el tipo de oración que es primordialmente enfocada en las *necesidades de otros*. Tal como con petición, debemos poner una mayor prioridad en interceder por temas externos al opuesto de lo temporal. (Aunque por supuesto, haremos ambos.)

Una excelente descripción de intercesión se encuentra en Ezequiel 22:30 — "Y busqué entre ellos hombre que hiciese vallado y que se pusiese en la brecha delante de mí, a favor de la tierra, para que yo no la destruyese; y no lo hallé." En este texto, el intercesor "se para" entre Dios y los que merecen juicio. Las oraciones de intercesores son la estrategia fundamental de Dios para evangelismo, misiones, discipulado, avivamiento, y despertar espiritual. Aún, trágicamente, la mayoría de denominaciones de iglesias ponen gran énfasis en programas, promociones y estrategias, mientras que escatiman en la oración. La falta de poder en muchos ministerios es explicada por un nivel muy superficial de intercesión.

¡Sin embargo, Dios está comenzando a hacer un gran trabajo entre su pueblo! Más y más iglesias e individuos están tomando seriamente la intercesión. En estas personas e iglesias, el poder de Dios está comenzando a revelarse en maneras fenomenales.

Mientras más y más cristianos llegan a estar interesados en la intercesión, enfrentamos una urgente necesidad de enseñarles cómo interceder bíblicamente. ¡Ciertamente, muchos están limitados con la intercesión porque simplemente no saben cómo! Como con oraciones de petición, muchos creyentes están atrapados en un tipo de intercesión que es muy general y no enfocada. Es tiempo de que nuestra intercesión vaya más allá de oraciones como; "Señor, salva a todos los perdidos." o "Señor, bendice a nuestra iglesia." Aunque estas oraciones no son técnicamente equivocadas, son extremadamente generales y carecen del poder de la intercesión bíblica específica. En la próxima sección, me dirigiré a dos preguntas claves sobre intercesión efectiva.

¿Dónde Enfoco mi Intercesión?

Cuando considere temas para intercesión, sugiero que nuevamente recuerde un principio fundamental. *Deje que su mayor enfoque sean temas con significado eterno en vez de significado temporal.*

Aunque ciertamente intercederá por necesidades físicas y temporales, estas no deben predominar en su intercesión. La siguiente lista representa algunos de los temas más importantes, por los cuales los creyentes deben orar regularmente.

Temas Claves Para Intercesión Consistente:

1. Necesidades físicas y espirituales de familia y amigos
2. Necesidades espirituales de compañeros de trabajo, compañeros de clase, y los que vemos en la vida diaria (Ayudantes en la gasolinera, meseras, vendedores, doctores, etc.)
3. Los que no conocen a Cristo
4. Crecimiento espiritual y protección para nuevos cristianos
5. Creyentes alejados
6. Su pastor, personal y líderes claves
7. Avivamiento y crecimiento en su iglesia
8. Misioneros y creyentes perseguidos

9. Líderes denominacionales Clave, y agencias (locales, estatales, y denominacionales)
10. Líderes espirituales e iglesias claves para todas las denominaciones
11. Líderes nacionales (el presidente, gobernador, alcalde, etc.)
12. Gobierno local, del estado, y nacional
13. Avivamiento radical y despertar espiritual (local, nacional, y mundial)
14. Iniciativas y estrategias claves de misiones (local, estado, nacional, y global)
15. Iniciativas y estrategias de evangelismo (local, estatal, nacional, y global)

Los quince temas de intercesión proveen una guía general de oración para cada creyente. Nuevamente, no sugiero que debe orar por todas estas todos los días. Sugiero que ponga un patrón en el cual ore por ciertas categorías en ciertos días. Mientras aprende a ser sensitivo al Espíritu de Dios, también lo sentirá guiándole a cambiar su enfoque en ciertos temas día a día para evitar rituales rígidos. El punto importante es que amplíe su intercesión para involucrar todas las categorías esenciales y que se mantenga sensitivo a la guía de Cristo en su tiempo diario de oración.

¿Cómo Hago Oraciones de Intercesión "Especificas?"

Lo más específicas y bíblicas sean nuestras oraciones, mayor es el poder que tenemos ante Dios. La siguiente sección provee ejemplos de intercesiones específicas para algunas de las categorías básicas. Pídale a Dios, que lo capacite a hacer estas oraciones de una manera única, y en las palabras que Él le dé.

Ejemplos de Oraciones Intercesoras Específicas

Por los perdidos y alejados

Señor, Unge con tu Espíritu a (nombre de persona) y:

- Convéncelo de su pecado y separación de ti. (Juan 16:8)
- Revélale quién eres y lo que Cristo ha hecho por él.
- Abre los ojos de su entendimiento. (Efesios 1:18) Remueve la ceguera espiritual. (2ª. Corintios 4:4)
- Atráelo a Ti, de manera poderosa. (Juan 6:44)
- Ata a Satanás fuera de él. Guárdalo de que Satanás robe de él Tu Palabra. (Mateo 12:19)
- Ore para que la gracia y la misericordia lo rodeen.
- Ayúdame a estar dispuesto y ansioso de ser la herramienta por la cual lo salves y libres. Señor, enséñame como guiarlo a Cristo.
- Pon personas en su camino que testifiquen de Cristo.

Oraciones por pastores y líderes espirituales

Pasajes bíblicos que fácilmente pueden ser usados, como oraciones para pastores y líderes son: Colosenses 1:9-11; Filipenses 1:9-11.

Unge con Tu Espíritu a (nombre de su pastor) y concédele:

- Un abrumante sentido de Tú presencia
- Convicción poderosa de pecado
- Profundo fervor espiritual y amor por Ti
- El poder de la unción y llenura del Espíritu
- Claro discernimiento de Tu voluntad

- Profunda pureza y santidad
- Una pared de protección de las influencias de Satanás
- Cumplimiento abundante de sus necesidades personales y familiares
- Relaciones puras, y protege su matrimonio
- Prosperidad en su ministerio
- Motivos puros

Doce oraciones específicas por su iglesia

- Ore por un poderoso movimiento del Espíritu de Dios, para traer profunda convicción, arrepentimiento, y una poderosa liberación del poder de Dios.
- Ore por una unción poderosa, y dirección sobre nuestro pastor, por todos los maestros y líderes de la iglesia. (Nómbrelos)
- Ore por profundo amor entre miembros
- Ore para que el conflicto y la desunión sean derrotados
- Ore para que Satanás sea completamente atado de todo miembro y actividades de la iglesia.
- Ore por una fuerte pared de protección que rodee a la iglesia y a los miembros.
- Ore para que la iglesia claramente reciba la dirección de Dios en toda decisión y ministerio.
- Ore para que la iglesia claramente perciba la visión de Dios, para esa congregación en particular.
- Ore por un espíritu de fervor en todo ministerio e iniciativa.
- Ore por bendiciones y abundancia de recursos para hacer la obra de Dios.
- Ore para que Dios levante muchos trabajadores para su obra.

- Ore por un fuerte espíritu de adoración, oración y santidad se extienda en la iglesia.

Diez oraciones específicas por avivamiento y despertar espiritual

(Para ser elevadas por iglesias, ciudades, y naciones)

- Pídale a Dios que derrame una profunda convicción de pecado, quebrantamiento espiritual, un temor santo de Dios y un genuino arrepentimiento entre su pueblo. No habrá ningún avivamiento sin estos elementos; y sólo Dios los puede producir en su pueblo. Después de todo, no podemos programar o crear un quebrantamiento ni arrepentimiento genuino. (2ª. Corintios 7:10)

- Ore por limpieza profunda, arrepentimiento genuino, y poder espiritual que cubra a los pastores y líderes Cristianos. Un avivamiento y despertar espiritual es extremadamente improbable sin un poderoso movimiento de Dios, en pastores y líderes cristianos. Pastores renovados son absolutamente cruciales para un movimiento de Dios en nuestros días. (Efesios 6:14-20)

- Ore para que Dios otorgue hambre espiritual en Su pueblo, y los traiga a la intercesión ferviente. Dios tiene que conceder a personas, fe genuina y un deseo ferviente por la oración. Con toda nuestra promoción y programación de oración, no podemos "producir" un movimiento genuino de oración. (Filipenses 2:13)

- Ore para que Dios traiga unidad amorosa y profunda armonía entre nuestras iglesias. Muchas iglesias necesitan sanidad entre los miembros, y muchas iglesias necesitan dejar de competir celosamente con otras iglesias. (Juan 13:35)

- Ore para que Dios llene a su pueblo con pasión para ver a otros llegar a ser salvos. (Sólo Dios puede dar una genuina carga por las almas.) Hasta que el pueblo de Dios ore intensamente por los perdidos y ganen almas agresivamente, el avivamiento demorará. Asegúrese de que constantemente esté orando por muchas personas perdidas por nombre. (Romanos 9:1-3)

- Ore para que Dios le dé a su pueblo una pasión por las misiones y para comenzar nuevas iglesias. Grandes avivamientos pueden producir una explosión de proyectos de misiones, nuevos ministerios, y nuevos comienzos de iglesias. Sólo Dios puede conceder una pasión genuina por las misiones. (Mateo 28:19)

- Ore para que Dios llame a miles al ministerio, misiones, y servicio Cristiano. Muchas iglesias se mueren por falta de ganadores de almas, maestros y trabajadores de iglesia. Aún más, sólo podemos comenzar tantas iglesias para las cuales tenemos plantadores para comenzarlas. (Mateo 9:37)

- Ore para que Dios derrame Su Espíritu como poderoso fuego purificante. Pídale a Dios que purifique nuestros "motivos" mientras oramos por un avivamiento. Es posible orar por un avivamiento por razones egoístas o ambiciosas. Nuestros motivos deben ser sólo para: (a) la gloria de Dios, y (b) el aumento del reino de Dios. No debemos orar por avivamiento sólo para resolver nuestros problemas o hacer famosa nuestra iglesia a los ojos de hombres. (Santiago 4:2)

- Ore por un gran movimiento de convicción y salvación que cubra a las mayores comunidades de influencia cultural. Algunos ejemplos claves son artistas y productores de Hollywood, oficiales de gobierno, educadores, maestros, y profesores de universidades, gente de las noticias y medios de comunicación, presentadores de programas, comediantes, grupos de activistas homosexuales, y líderes de la industria musical. (1ª Timoteo 2:1-2) Provea a su congregación con una lista específica de personas claves en cada categoría.

- Específicamente para que Dios derrame Su Espíritu en una manera aún más grande de como lo hizo en América en

1858 y en el país de Gales en 1904. ¡Diez por ciento de la población del país de Gales fue salva en seis meses! Pídale a Dios por un Pentecostés moderno en los Estados Unidos y Canadá. (Marcos 11:22-24; Juan 14:13-14)

Siete Oraciones Específicas Por Elecciones Locales y Nacionales

(Sin meterse en política) Basado en principios de 1ª. Timoteo 2:1-4

- Ore para que las personas seriamente busquen a Dios en cómo deben de votar en las elecciones.

- Ore para que personas no pongan a la economía o la política sobre los fundamentos piadosos y bíblicos sobre los cuales América fue fundada.

- Ore para que el Espíritu de Dios llene las urnas de votación y guie a la gente mientras votan.

- Ore para que grandes números de personas de Dios salgan a votar.

- Ore para que personas sigan la orientación de Dios, no sólo a partidos políticos.

- Ore para que Dios nos dé líderes piadosos de integridad que gobiernen con sabiduría y rectitud.

- Ore para que Dios tenga misericordia de América y mantenga su mano de juicio.

Una Palabra Final Sobre la Intercesión

Las oraciones mencionadas previamente son ejemplos de cómo Dios lo guiará a la intercesión específica. Mientras se encuentra con Dios, Él lo guiará en sus propias oraciones y le revelará promesas bíblicas para reclamar ante Su trono. *Es especialmente importante combinar su intercesión con las promesas bíblicas que Dios le ha puesto en su corazón.*

Nuevamente, no se abrume por la profundidad potencial de la intercesión. Dios lo hará llegar un paso a la vez a su propio ritmo. La intercesión verdadera representa la más profunda y más sacrificial de todos los tipos de oración. Por su propia naturaleza, la intercesión es sacrificial porque a menudo se enfoca en personas y temas que no tocan directamente su vida. Pero no cometa un error — Dios ha llamado a Sus hijos a un nivel de intercesión consistente.

Dios tiene increíbles bendiciones para todos los que abrazan niveles bíblicos de intercesión. En nuestra propia iglesia, hemos visto numerosas personas que han sido salvas por la simple intercesión de un grupo de oración evangelística. ¡No hay gozo más grande que el ver oraciones consistentemente contestadas en el bautisterio de su iglesia! En el próximo capítulo examinaremos el emocionante tema de "escuchar la voz de Dios" por medio de la meditación bíblica.

Preguntas para Discusión y Reflexión

1. ¿Cuántas de las quince categorías de intercesión básicas hace usted consistentemente ante Dios?

2. Al orar por los perdidos, aliste varias palabras de la Escritura que deben ser parte de nuestras oraciones.

3. Haga una Lista con varias peticiones específicas que usted debe orar por pastores y trabajadores Cristianos. ¿Por qué es tan importante orar bíblicamente y específicamente por nuestros líderes?

4. Aliste varias palabras bíblicas que usted debe orar por su iglesia. ¿Por qué es tan importante orar específicamente?

5. Aliste varias palabras bíblicas que usted debe orar por un avivamiento y despertar espiritual. ¿Por qué debe aprender a orar bíblicamente y específicamente?

Oraciones Para Crecimiento Diario

❖ Padre Dios, lléname con el espíritu de intercesión genuina. Ayúdame a cubrir la brecha por mi tierra (Ezequiel 22:30).

❖ Señor Dios, como intercesor enseña a mis manos a entrar en guerra y a mis dedos a pelear. Hazme crecer en poderosas oraciones bíblicas que surgen de Tú corazón.

❖ Padre Santo, perdóname por ser perezoso e inconsistente en la batalla de intercesión. Perdóname por hacer oraciones generales y no específicas. Lléname de Ti y enséñame a dejar que Cristo ore por mi medio.

Capítulo Ocho

Etapa Cinco: Escuchando la voz de Dios por Medio de la Meditación

La meditación es una forma de oración porque es comunicación con Dios por medio de la oración auditiva. En la meditación usted está silenciosamente escuchando la voz de Dios por medio de Su Palabra y las impresiones que Él deja en su corazón. Es esencial recordar que la oración genuina es una relación y no sólo un hábito o rito. Una relación genuina requiere ambos, hablar y escuchar.

No puede haber una verdadera relación, al menos que sea de dos partes. Después de todo, ¿cómo se sentiría usted si su cónyuge hablara todo el tiempo y nunca le diera una oportunidad para hablar? ¡Eso haría una pobre relación matrimonial, igual puede ocurrir con su relación con Dios! Meditar es ese tiempo cuando específicamente escuchamos la voz de Dios en nuestro corazón.

Pautas Prácticas para la Meditación Diaria

1. En su lectura Bíblica diaria, pídale a Dios que hable a su corazón.

Mientras lee la palabra de Dios, no se dirija a ella como solo un libro de historia y enseñanzas doctrinales. Aunque ciertamente debe investigar el contexto de la Escritura, usted debe dirigirse a la Biblia como la palabra personal de Dios para usted en cada nuevo día. Después de leer un par de versos debe pausar y simplemente preguntar, ¿"Dios, que me estás diciendo?" De esta manera, oración y lectura bíblica llegan a estar poderosamente conectadas. Esta clase de lectura reflexiva de la Escritura impactará su vida de oración enormemente. ¡Dios personalmente hablará a su corazón!

2. Cuando haya completado su tiempo diario de lectura Bíblica y oración, escriba ideas claves y sus impresiones.

Le sugiero fuertemente que mantenga un cuaderno o diario de su tiempo diario con Dios. Mantener un cuaderno o diario es una de las maneras más poderosas de meditación. Un cuaderno personal o diario espiritual, ayuda a facilitar un diálogo diario con Dios. Un cuaderno personal lleno es literalmente un registro escrito de su relación con Dios.

Otra gran ventaja de mantener un diario es que forma el hábito de escribir promesas específicas que Dios revela a su corazón. Cuando mantiene un record al día de las promesas de Dios, es más propenso a tomarlas seriamente. El registro escrito llega a ser un recurso de gran ánimo en tiempos futuros de lucha.

Aún más, escribir pensamientos claves e impresiones, le ayuda a formar un hábito serio de *escuchar* la Palabra de Dios. Trágicamente, muchas personas se dirigen a la lectura bíblica y la oración sin esperar escuchar una palabra personal de Dios. Nos dirigimos a la oración tanto como un esfuerzo de un solo lado que casi no le damos a Dios la oportunidad de hablar. ¡A menudo no paramos de hablar lo suficientemente para recibir una palabra de sabiduría de Dios!

3. Llene su vida con la Palabra de Dios.

Mientras más estamos expuestos a la Palabra de Dios, Él nos habla más y transforma nuestras vidas. Rodearse con la Palabra de Dios es una variación de meditación. Salmos 1:2 — *"Sino que en la ley de Jehová está su delicia, y en su ley medita de día y de noche."*

Hoy somos bendecidos con algunas maneras creativas de ser llenos con la Palabra de Dios. Algunos ejemplos son: (a) Escuchando grabaciones de lectura de Escritura mientras maneja, (b) Oyendo música que incluye primordialmente canciones con Letras de la Escritura, (c) Participando en uno de los programas de memorización de Escritura de hoy, (d) Poniendo cuadros marcados con textos bíblicos en partes estratégicas de su hogar u oficina. Deuteronomio 6:4-9 *"Oye, Israel: Jehová nuestro Dios, Jehová uno es. Y amarás a Jehová tu Dios con todo tu corazón, y de toda tu alma, y con todas tus fuerzas. Y estas palabras que te mando hoy, estarán sobre tu corazón; y las repetirás a tus hijos, y hablarás de ellas estando en tu casa, y andando por el camino, y al acostarte, y cuando te levantes. Y las atarás como una señal en tu mano, y estarán como frontales entre tus ojos; y la escribirás en los postes de tu casa, y en tus puertas."*

Mientras más conocemos y meditamos en la Palabra de Dios, más fácilmente reconoceremos Su voz cuando Él habla. ¡Cuando usted llena su vida con Escrituras, Dios revoluciona su vida de oración y su caminar con Él!

4. Cuando ore, sea sensitivo a las impresiones específicas por las cuales Él le guía a enfocarse en varios temas de preocupación.

A veces, la oración y la meditación se mezclan mientras usted siente las indicaciones únicas de Dios. Recuerde, su tiempo de oración no es una fórmula pre-programada que usted mecánicamente sigue cada día. Algunos días Dios lo guiará a pasar mucho tiempo en alabanza y poco en confesión. En otros días, Él puede que lo agobie a interceder por personas especificas aunque poco en petición. *"Y de igual manera el Espíritu nos ayuda en nuestra debilidad; pues que hemos de pedir como conviene, no lo sabemos, pero el Espíritu mismo intercede por nosotros con gemidos indecibles."* (Romanos 8:26)

Aunque haya un balance consistente en todos los tipos de oración, a veces Dios le dará indicaciones únicas. Recuerde, Dios ha de estar en control y debemos dejarlo guiar nuestro tiempo de oración. Parte de la meditación es detenernos en nuestra oración, y ser sensitivos a las indicaciones de Dios. Amigo, si esto suena muy misterioso o difícil, anímese. Lo más que pase tiempo con Dios, más aprenderá a reconocer su suave y tierna voz.

Una Palabra Final Sobre la Meditación

En su esencia, meditar es simplemente la práctica de escuchar la voz de Dios mientras Él habla por medio de Su Palabra y la oración. Este es el crucial elemento que hace que nuestra vida de oración sea una conversación de dos partes, envés de un monólogo a solas. La meditación es el acto intencional de escuchar a Dios. Debemos venir al estudio bíblico y oración *esperando* escuchar una palabra personal de un Dios personal.

Le animo a no dejar que nada de esto sea abrumador o complicado. Aún si se siente débil en la oración, Dios lo tomará de donde está, y hará una obra poderosa en su vida. Créame, Dios anhela hablar a su corazón en maneras reales y personales. ¡Oro, porque este capítulo le haya dado deseo por algo más, que un monólogo a solas con usted mismo, siendo usted el único hablando! ¡Usted estará maravillado de lo que escuchará cuando tome tiempo para escuchar!

Preguntas Para Discusión y Reflexión

1. ¿Cuán bíblica es su vida de oración, si usted es el único hablando?

2. ¿Por qué una sana relación con Cristo requiere ambos: hablar y escuchar?

3. Describa cuatro maneras primarias para escuchar la voz de Dios por medio de meditación diaria.

Oraciones Para Crecimiento Diario

❖ Señor, toca mis oídos para que pueda escuchar Tu voz. Unge mis ojos para que pueda ver Tus caminos.

❖ Acelera mi mente para que cada pensamiento sea cautivo para Cristo (2ª. Corintios 10:5). Toca mi espíritu a diario con la revelación de Tu Palabra.

❖ Dios, concédeme un deseo profundo para escuchar Tu voz diariamente por la revelación de la Palabra, y la incitación del Espíritu Santo.

Una Breve Palabra Sobre el Ayuno

(Tomado de *Local Associations and United Prayer*)

El ayuno dirigido por el Espíritu es una de las disciplinas espirituales más descuidadas de nuestro día. Quizá, este es un síntoma de la "tibieza general" que caracteriza mucho al Cristianismo Americano.

También somos una sociedad que tiende a enfatizar resultados instantáneos y sin dolor en lo que llevamos a cabo. Sin duda, nuestra sociedad es una que adora la conveniencia y el materialismo. Simplemente, muchos hoy son esclavos de la carne, y son fuertemente influenciados por sus apetitos y deseos carnales. Por esta razón, a muchos, la idea de privarse de comidas para orar y buscar a Dios les parece verdaderamente extraña. Hermanos, ésta es una fuerte indicación de cuán desesperadamente necesitamos un avivamiento.

De ninguna manera sugiero ayunar como intento legalista para "ganar un avivamiento" o alguna manera de "impresionar a Dios." Ese definitivamente no es el propósito del ayuno. Sin embargo, la Biblia claramente asume que la gente de Dios debe ayunar en su devoción al Señor. Los ejemplos son muchos, pero dos tienen especial relevancia:

1) Joel 2:12-13 — "*Por eso pues, ahora, dice Jehová, convertíos a mí con todo vuestro corazón, con ayuno y lloro y lamento. Rasgad vuestro corazón, y no vuestros vestidos, y convertíos a Jehová vuestro Dios; porque misericordioso es y clemente, tardo para la ira y grande en misericordia, y que se duele del castigo.*"

2) Mateo 6:16-18 — "*Cuando ayunéis, no seáis austeros, como los hipócritas; porque ellos demudan sus rostros para mostrar a los hombres que ayunan; de cierto os digo que ya tienen su*

recompensa. Pero tú, cuando ayunes, unge tu cabeza y lava tu rostro, para no mostrar a los hombres que ayunas, sino a tu Padre que está en secreto; y tu Padre que ve en lo secreto te recompensará en público."

Las Escrituras dejan poca duda que Dios espera que el ayuno guiado por el Espíritu sea una parte definitiva de nuestra relación con Él. Siento que ésta es un área en la que Dios está actuando cada vez más con su pueblo. Especialmente en las reuniones de oración de pastores y noches de oración del área o de la iglesia, estamos pidiendo a nuestra gente que considere en oración el ayuno bíblico. Nuevamente, no estamos indicando esto de una manera obligatoria o de una forma legalista.

Si la gente actualmente ayuna, debe ser plenamente una decisión personal y algo que hacen por la motivación del Espíritu Santo. Nuestro patrón es compartir conceptos bíblicos sobre el ayuno y luego permitir que las personas respondan individualmente mientras Dios los guía. Animamos otras asociaciones para considerar en oración cómo Dios puede guiarle en esta área. Una pregunta apropiada para hacer es: ¿"Cuánto estamos nosotros verdaderamente hambrientos por Dios mismo?"

Para guía general, le sugiero los siguientes puntos:

1. Pídale a Dios que lo capacite para ayunar con la guía del Espíritu Santo y no sólo porque alguien más ayunó.

2. Ayune con el propósito de dejar otras cosas a fin de enfocarse plenamente más en Dios. (No ayune solo por ritualismo o por algún intento legalista para impresionar o manipular a Dios.)

3. Pídale a Dios que le muestre la clase de ayuno que Él desea de usted. Hay muchas clases de ayuno. Algunos ejemplos son: (a) un ayuno completo por breves períodos, (b) ayunos de solo agua, (c) ayunos de jugo, (d) ayunando ciertos tipos de comida, (e) ayuno de ciertas actividades o recreaciones.

(Algunos de los ayunos más poderosos pueden ser dejar actividades favoritas para pasar tiempo intenso a solas con Dios.)
4. El principio bíblico general es de no publicar su ayuno. Debemos evitar la vanagloria orgullosa a todo costo. (Sin embargo, Dios puede que, a veces, le guie a dar testimonio o a escribir sobre este elemento bíblico de oración.)
5. El ayuno está definitivamente conectado con una gran urgencia y poder en la oración. Virtualmente, todos los grandes despertamientos espirituales fueron atraídos por la oración *y el* ayuno.

Sin duda, ayunar es una experiencia básica bíblica de nuestra relación de amor con Jesucristo. Creyente, ¿no es tiempo para que seriamente busquemos a Dios con todo nuestro corazón? Que Dios nos guie a un ayuno genuino que esté completamente dispuesto a negar los apetitos terrenales. Que experimentemos un ayuno que es más que pasar tiempo sin comida. Oremos para que Dios ponga en nuestros corazones, la gloriosa realidad de Mateo 5:6 — *"Bienaventurados los que tienen hambre y sed de justicia, porque ellos serán saciados."*

Capítulo Nueve

Una Guía Práctica Para la Oración Diaria

En este capítulo final haré un bosquejo de un patrón práctico para la oración diaria. Sin embargo, por favor entienda que este patrón no es una fórmula legalista. Sobre todo, su tiempo de oración es una relación y las relaciones fluctúan día a día. De ninguna manera se requiere siempre seguir el orden exacto de este patrón. Algunos días puede que lo guíe a comenzar con confesión y limpieza, y finalmente terminar con alabanza y acción de gracias. Otras veces, Dios lo guiará a pasar mucho más tiempo en intercesión por otros. Y aun en otras ocasiones, puede que usted comience con meditación silenciosa y escuchando. Aunque el siguiente formato representa un poderoso patrón bíblico de oración, no es un programa rígido. Mientras sea sensitivo al Espíritu de Dios, Él lo guiará a una variedad de modelos.

¡Amigo, si realmente quiere aprender a orar, pronto experimentará el viaje más increíble de su vida! Confiadamente clamemos la gloriosa promesa de Dios en Jeremías 29:13. *"Y me buscaréis y me hallaréis, porque me buscaréis de todo vuestro corazón."*

Un Patrón Simple Para la Oración Diaria

I. Comience con un período de alabanza y acción de gracias (5-10 minutos)

1. Dé gracias por las bendiciones del pasado, presente, y futuro
2. Alabe a Dios por quien Él es (Sus características y nombres)
3. Libremente adórelo

II. Continué con confesión y arrepentimiento (por lo menos 5-10 minutos)

1. Pídale a Dios que escudriñe sus pensamientos y actitudes.
2. Cuidadosamente examine su hablar
3. Pídale a Dios que escudriñe sus relaciones
4. Confiese cualquier pecado de comisión y asegúrese de dejar los pecados que Dios le revele
5. Confiese cualquier pecado de omisión y haga un compromiso definido a la obediencia
6. Resuélvase a arrepentirse completamente de cualquier pecado conocido de pensamientos, palabras, o hechos
7. Pídale a Dios que lo llene del Espíritu Santo
8. Asegúrese de utilizar una herramienta bíblica completa, diseñada para escudriñar todas las áreas de su vida con la Palabra de Dios

III. Oraciones de Petición Personal (10-15 minutos)

1. Ore por el desarrollo de carácter y santidad (Ore por el fruto específico del Espíritu Santo y otras palabras de carácter)
2. Ore por su ministerio y servicio a Dios (sea muy específico en sus oraciones)
3. Ore por sus necesidades físicas, emocionales, espirituales, o financieras

IV. Oraciones de Intercesión (10-20 minutos)

1. Ore por las necesidades de familiares y amigos
2. Ore por su pastor e iglesia (use oraciones específicas como las que se encuentran en el capítulo 7)
3. Ore específicamente por personas no salvas (use oraciones específicas como las que se encuentran en el capítulo 7)

4. Ore por misioneros y esfuerzos de misiones (use guías de la Junta de Misiones Internacionales)
5. Ore por un avivamiento y despertar espiritual (use las guías del capítulo 7)

En su intercesión, busque ser lo más específico que pueda. También recuerde el valor de enfocarse sólo en dos o tres categorías por día. Si orara plenamente por cada categoría, podría orar por horas, la mayoría de las personas serán guiadas a enfocarse en ciertas categorías en ciertos días. Como siempre, el principio rector es la sensibilidad cercana al Espíritu Santo.

V. Meditación y Evaluación

1. Reflexione en puntos claves de su lectura de la Escritura y tiempo de oración
2. Evalúe lo que Dios pone en su corazón
3. Escriba impresiones claves en un diario de oración
4. Finalice su tiempo con acción de gracias por la presencia de Dios

Nuevamente enfatizo que el patrón previo es un bosquejo general, no un programa rígido. Mientras deja que el Espíritu de Dios lo guíe, se quedará maravillado en las maneras que Él, dirigirá su vida día a día.

    Es increíble detenerse y recordar que el Dios poderoso desea una relación cercana personal con usted. ¡Que Dios nos ayude a no conformarnos con nada menos que la gloriosa realidad de Su presencia!

Puntos Para Recordar

En el patrón anterior, no cubre específicamente la lectura Bíblica. De los capítulos anteriores, confío que usted ya entiende que la lectura diaria Bíblica es esencial a su vida. Sugiero que haga su lectura Bíblica y escriba en su diario antes de conducir su tiempo principal de oración. Altamente le sugiero que siga uno de los excelentes programas de hoy para leer la Biblia entera por lo menos una vez por año.

Déjeme también decir que no estoy insinuando que debe orar una hora entera para experimentar una vida de oración poderosa. Aunque una hora es una excelente meta, no es un requerimiento. Es ciertamente posible experimentar la oración significativa en formatos más cortos. ¡Si es sensitivo hacia Dios en su tiempo de oración, tendrá una experiencia que le cambiará la vida así sean treinta minutos o tres horas! Cuando las personas aprenden verdaderamente a encontrar a Dios en oración, aún horas en oración pueden parecer sólo un momento. Que Dios nos ayude a no conformarnos por nada menos que una poderosa relación con Él.

Conclusión

Sin duda, vivimos en uno de los momentos más estratégicos de la historia. Aunque nuestra nación nunca ha visto tal decadencia moral, también estamos presenciando una creciente oleada de oración. Ahora estamos envueltos en una Guerra Espiritual monumental por las mismas almas de nuestra sociedad. Aunque la batalla presente es intensa, escribo con un glorioso sentido de esperanza. (Filipenses 1:6) Estoy convencido de que veremos un avivamiento mundial y un despertar espiritual de proporciones sin precedentes. ¡Aún si toma el juicio de Dios para humillarnos!

En todo nuestro alrededor, vemos evidencia de que Dios está preparando a su novia para el gran festejo de las bodas del

Cordero. ¡En efecto, creo que el regreso de Cristo puede estar a la puerta! ¡Pero a pesar del tiempo de regreso, una cosa es preeminente para cada creyente - la fuerza y vitalidad de su relación con Cristo!

Dios dio a su único Hijo no solo para dejarlo entrar en el cielo, pero para permitirle caminar en un poder milagroso y un servicio fructífero. (Juan 15:8) Amigo, si usted es salvo, su derecho de nacimiento es un poderoso poder espiritual victorioso. Y más que eso, Dios quiere usarlo poderosamente para su reino. Creyente, es vital que crezca y sea un guerrero de oración para Dios. ¡Usted es una parte crucial de Su ejército y Él está contando con usted! Él quiere usarle en maneras que no se puede imaginar. Pero todo esto finalmente depende en una cosa: el Poder de su Vida de Oración. (Juan 14:12-14)

Estoy profundamente agradecido que ha leído la conclusión de este libro en oración. Pero sobre sus oraciones, ahora le imploro que llegue a ser un "hacedor" y no solo un "oidor." (Santiago 1:22) De hecho, ahora usted es responsable ante Dios por lo que ha leído. Por favor no se conforme con un día más de vida de oración o caminar con Cristo mediocre. No se conforme con migajas cuando Dios quiere que experimente un festejo de su presencia y poder. Estimado amigo, si se compromete a un tiempo significativo diario con Dios, ni siquiera el cielo es el límite de lo que Él, hará en su vida. (Efesios 3:20)

Una Oración de Compromiso

❖ Padre Dios, ayúdame a estar satisfecho con nada más que Tú. Sálvame de un simple ritual de oración, para que camine en adoración santa, obediencia genuina y la gloriosa llenura de Tu Espíritu. Que tu Gloria y Gozo sean mi única causa.